歴史ルポルタージュ　島原天草の乱　第2巻

原城の戦争と松平信綱

吉村豊雄
Yoshimura Toyoo

清文堂

原城の戦争と松平信綱

目次

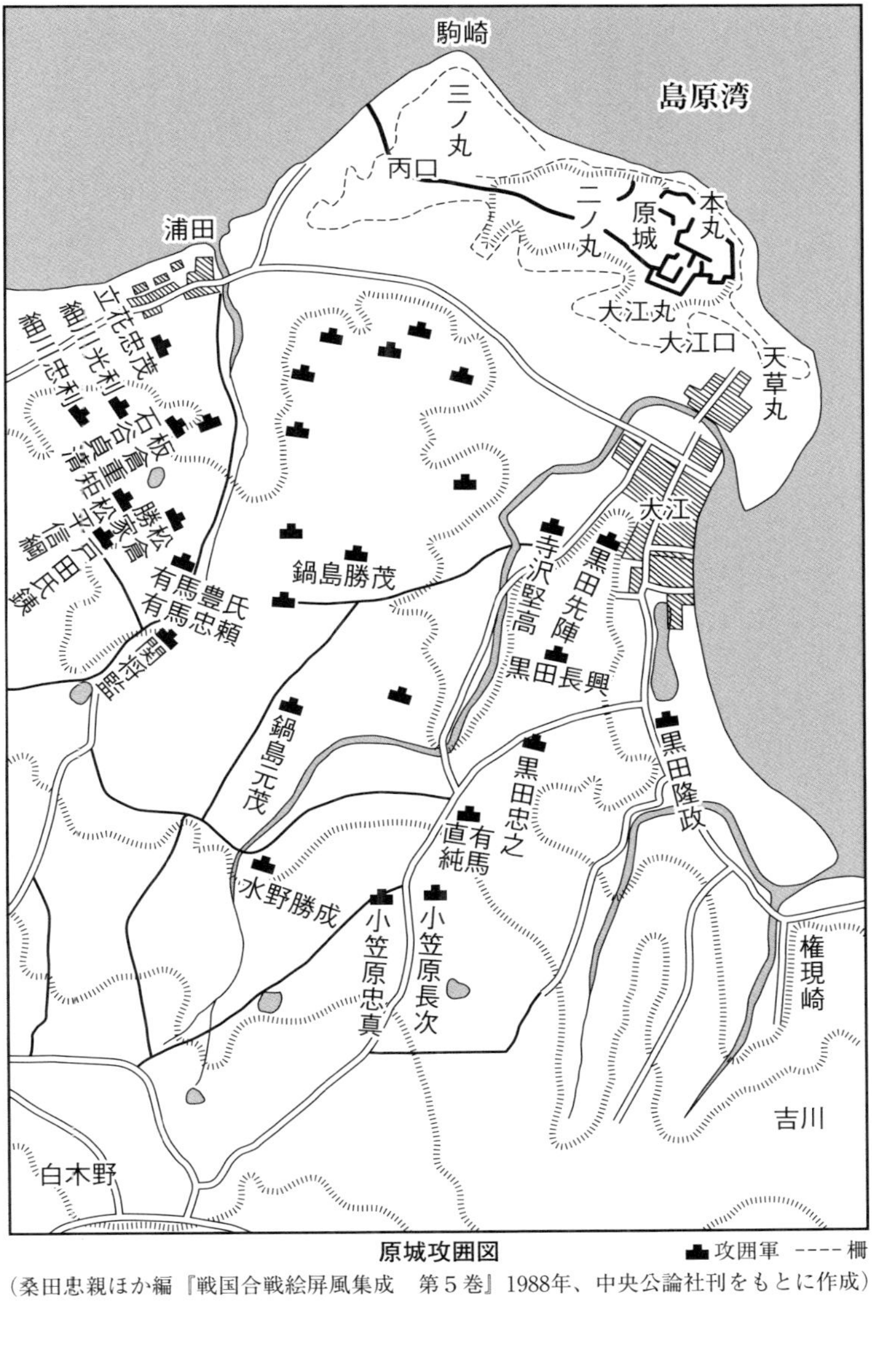

原城攻囲図　■攻囲軍　----柵

（桑田忠親ほか編『戦国合戦絵屏風集成　第５巻』1988年、中央公論社刊をもとに作成）

原城の戦争と松平信綱

はじめに――戦場がつくった知恵伊豆

江戸時代のはじめ、「知恵伊豆」と呼ばれた男がいた。三代将軍徳川家光の時代の幕府老中、松平伊豆守信綱である。知恵者の伊豆守というところから、巷間、「知恵伊豆」と呼ばれた男である。この男が中央政界トップに上りつめるキッカケとなったのは、一枚の文書だった。

歴史を変えた将軍家光の表彰状

将軍家光から一人の藩主に特別の表彰状が贈られた。「島原の乱」における佐賀藩鍋島家の軍功を称えた特別表彰状である。この一枚の文書が中央政界を揺るがし、幕府の政変を引き起こすことになる。

鍋島家が、一揆勢の立て籠もる原城（現・南島原市）への総攻撃に際して、総攻撃予定の前日に、単独で城中に攻め入った「抜け駆け」の罪で幕府の軍法裁判にかけられたからである。すると、誰が将軍家光に特別表彰状を出させたのか、その政治責任が問題となってくる。問題にした男がいた。鍋島家を幕府の軍法裁判にかけ、この特別表彰問題をとらえて政界の最長老を引退させ、幕府を大改造に導くのが、時の老中、松平伊豆守信綱である。

巷間、その名を知られている知恵伊豆も、政治家としての手腕、政治力の実相といったものは明らかにされていない。語られているのは、その明敏さで周囲を感心させたというエピソードの類いである。本書では、これぞ「知恵伊豆」の真骨頂というべき政治舞台にご案内したい。

松平信綱が、政界の最高実力者へと抬頭してくる舞台となったのは、世にいう「島原の乱」（島原・天草一揆）における原城攻防戦、原城戦争である。原城戦争において十三万近くの幕藩軍を率い、一揆を制圧した実績が、この男の器量、将器というものを開花させ、原城総攻撃における軍功バトルが佐賀藩鍋島家の抜け駆けという軍法違反を生み、信綱に辣腕を振るわせる大義を与えた。

松平信綱が、知恵伊豆の名にふさわしい政治的光芒を放つのは、原城戦争からの数年間である。とくに原城戦争を終結させた寛永十五年（一六三八）は、知恵伊豆の政治生命を凝縮させた一年となる。

原城戦争当時、平戸オランダ商館長のニコラス・クーケバッケルによると、松平信綱の政界ランクは、土井利勝・酒井忠勝という長老に次ぐ「第三位」であった。この「第三位」の信綱が、戦後、二人の「政界のドン」に引導を渡し、中央政界に大ナタを振るって幕府を大改造し、政界トップに君臨することになる。

政界トップへの政治抗争

一般に江戸幕府の政治体制は三代将軍家光の時代に確立したといわれるが、少し細かくみていくと、そう単純なものではない。家光の将軍時代の前半期は、父親の大御所秀忠が実権を持ち、後半期も秀忠時代の幕府閣僚であった酒井忠世・土井利勝・酒井忠勝の三人が重きをなす形でスタートしている。

家光は大物の三人組を排除し、子飼いの側近閣僚を中心とした幕府運営をめざした。しかし、目論見はなかなかうまく運ばなかった。酒井忠世は江戸城西丸の焼失事件で失脚するが、土井利勝・酒井忠勝という二人の政界の長老はしぶとく居残っている。

家光の誕生と同時に小姓に付けられた松平信綱が、どのようにして政界最長老の二人を押しのけて、「第三位」から政界トップになることができたのか、その秘密を解くのが本書の主題ともなる。政界のドンに引導を渡す。この男の凄みが凝集された瞬間といえる。

こうした中央政界の地殻変動の幕開けとなったのが、原城戦争の終結直後、幕府に開廷された原城戦争の軍法裁判である。この軍法裁判こそが松平信綱に辣腕を振るわせる大義を与え、政治家としての地歩を政界トップへと押し上げる跳躍台となる。

島原の乱の原城攻防戦、原城戦争の終結後、幕府において軍法裁判が開かれたという事実自体、知られていない。軍法裁判とは、戦場の規律である軍法に違反したものを裁く裁判である。

この裁判において、佐賀藩主の鍋島勝茂と長崎奉行の榊原職直が裁かれている。鍋島氏には将軍家光が軍功を称えた特別表彰状さえ出されていた。どうしてこのような栄誉に浴した一国の大名と幕府の高官が、公儀の裁きの場に引き出されたのか。

幕府に軍法法廷を開設させたのは、幕藩軍の最高司令官、将軍側近閣僚の旗頭、松平信綱である。信綱の追及は、たんに軍法違反の二人だけに終わらせなかった。信綱は、鍋島家の原城戦争における軍功を推奨し、将軍の特別表彰状まで出した幕府最長老の政治責任を問い、佐賀藩鍋島家の改易・転封処分に向け動いた。

幕末までつづく幕府の仕組みへの大改造

三代将軍家光の時代、「鎖国」という国の進路が明確化していく時期に、九州の外様大藩の改易・転封が画策され、現職の長崎奉行が罷免されている。

それは、六年前の政治状況を思い起こさせる。六年前の寛永九年（一六三二）一月、将軍家光の父親、大御所秀忠が死去し、家光の将軍政治が開始されるに当って断行された、熊本藩加藤家の改易と長崎奉行の豊後府内藩主竹中重義の罷免・切腹という政治状況である

六年前、将軍家光は、「御代始めだから、きっと申し付ける」と言い放ち、加藤家の改易を断行した。原城戦争の軍法裁判は、期せずして「御代始め」の再来、「第二の加藤家」処分というような政治状況つくり出した。

松平信綱の政界戦略が、ひそかに周到に進められていた。そして軍法裁判を契機に信綱主導のもとで「政界のドン」の引退劇が用意され、年寄にかわって老中と呼ばれつつあった新たな幕府最高の役職者が、幕府の政治組織全体を統轄するという、幕末までつづく安定した幕府の政治形態へと大改造が断行されることになる。

幕府から出された一枚の文書が、歴史を変えた。本書では、松平伊豆守信綱、知恵伊豆を政界トップへと飛躍させ、江戸幕府を大きくつくり変えた「島原の乱」の知られざる戦後史、抬頭する知恵伊豆の政治舞台にご案内したい。

第一章　若手閣僚としての松平信綱

まずは、松平信綱が将軍家光の子飼いの家臣として引き立てを受け、家光側近の中心閣僚となり、どのような幕府中枢の政治課題のもとで島原の乱、原城戦争を迎えたのか。信綱の幼少時からの履歴を簡単に述べておくことにしよう。

1　九歳からの奉公

六歳で養子に

松平信綱は、慶長元年（一五九六）十月三十日、幕府代官の大河内久綱の嫡男として生まれた。母は幕臣の深井好次（あるいは資正）のむすめである。幼名は長四郎（三十郎ともいう）、諱は初め政永といった。ここでは信綱として統一する。

信綱は、慶長六年（一六〇一）、六歳の時に叔父の松平正綱の養子となっている。養父正綱は実父久綱の弟にあたる。松平信綱が、このあと出頭（出世）していくのは、松平正綱の養子になったことが大きい。養父正綱も幼くして三河十六松平の一つ、長沢松平家の松平正次の養子となっている。

養父の松平正綱は徳川家康に仕え、江戸幕府創業とともに出世を遂げた将軍近習の出頭人である。家康がまだ駿府（現・静岡市）に在城している時、城が火災となり、正綱は納戸から晒布を取り出し、結びあわせて石垣数ヵ所に垂らし、逃げ惑う奥女中たちを救済してその才知が評判となった。

信綱が養子となった時の養父正綱の知行は三百八十石余であったが、慶長七年には知行五百石となり、同八年の江戸幕府の創業とともに勘定頭を務めた。勘定頭といえば後年、勘定奉行と称された幕府の要職である。正綱が、信綱を養子にしたのは、当時、自身に男子がいなかったこともあろうが、信綱の才知に尋常ならざるものを感じていたからでもあろう。実父の久綱も弟正綱に託した方が、信綱の将来につながると判断したものと思える。

九歳で家光の小姓に

信綱は、慶長八年（一六〇三）九月三日、養父正綱に従って徳川秀忠に拝謁し、ついで同年十月十五日、将軍家康に御目見えした。養父正綱は、家康・秀忠に対し、秀忠に男子出生の際には、この信綱を側廻りに置いていただきたいと申し入れていた。そして翌慶長九年七月十七日、将軍となっていた秀忠の二男として竹千代、のちの三代将軍家光が誕生すると、信綱は同月の二十五日に召し出され、家光の小姓に加えられている。

この時、家光の小姓につけられたのは永井直貞五歳、水野光綱六歳、稲葉正勝八歳、松平信綱九歳である。稲葉正勝は家光の乳母となった稲葉福（のちの春日局）の子であり、のちに年寄（老中）となった。信綱は初めに合力米三人扶持を賜り、翌慶長十年には二人扶持を加えられ五人扶持となった。

十歳のころのエピソード

十歳ごろの信綱のエピソードが残されている。ある時、秀忠が信綱に剣を持たせ大奥に渡り、深夜の丑の刻時分（午前二時ごろ）表へ出御しようとすると、長廊下の暗いところに伺候していた信綱が、剣を持ちながら居眠りしていた。秀忠が剣を引き寄せて持ち帰ろうとしたところ、信綱が、誰かも分からずに目をさまし、「やるまじき」と追いかけ、秀忠に取りついた。秀忠は奇特な小児だと感心し、「この心、一生放すな」と褒めた。

またある時、御次の間で信綱より年長の者たちが戯れて、秀忠秘蔵の屏風を破ってしまった。出御した秀忠が屏風を見て、何者の仕業かと尋ねると、戯れていた者たちが言葉なく黙ってしまった。信綱が、自分がやりましたと名乗り出たところ、よくぞ正直に申した、とかえって秀忠から褒められた。

また、これも十歳ごろの話しである。信綱が御台所で飯を食べていた。その時、お召しと聞き、年寄の酒井忠世・土井利勝・青山忠俊、そのほか歴々がいるところで、箸を投げ捨て、膳の上をはね越えて御前へ出た。養父の正綱がこれを見て、宿所に帰って信綱を呼び、今日の御台所での体たらくを見て、尾籠なことだと思った。「思うてもみられよ。忠世殿をはじめ年寄の歴々がおられるところで、前後をわきまえない振舞い、言葉を失った。無礼千万ある」と、泪を流して諭した。

信綱が正綱に答えた。「おっしゃることは尤もです。外から見れば無礼と見えるかも知れませんが、今日に限らず、お召しとあらば脇も見ず、誰が側にいるかも思い出せないほど、少しでも早く出たいとの心で、御前のことを一心に大切に思い、他念なく急いだのです」と申し上げると、正綱は、「君のことをそれほど大切にしているのか」と感涙にむせたという。

最後に一つ。江戸葭原で稲葉正勝らとお伴をして、よしきりという鳥を取っていたところ、夕日が西へ傾き、城への帰り道が分からずにこまっていた。すると十歳ばかりの信綱が、日の入りは西であり、お城の方角なので、日の入りを目当てに出られるとよいと申し上げると、難なく出られ、城へ帰ることができた。

2　若手の旗頭

立身の始まり

慶長十六年（一六一一）十一月十五日、信綱は、前髪を取り元服した。信綱、十六歳の時である。元服する前、信綱は体調をくずしていた。ストレスで胃を煩っていたのか、食欲がなく、在郷に引っ込んで静養していた。そこで秤に飯を盛り、十粒二十粒ずつ増やしながら健康を取り戻した。

慶長十八年一月、信綱は十八歳で結婚している。相手は井上正就のむすめである。井上は将軍秀忠のもとで年寄となる幕府重臣であり、将来を嘱望された結婚といえる。

病後間もなくのころの話しである。家光が、鉄砲稽古場で鉄砲を放ったところ、不発だったので、鉄砲を傍らに置き、忘れてしまった。家光が銃口の方に身を向けた。その時、信綱は病後で遠くに離れてひかえていたが、走ってきて筒を足でけると、発火して銃弾が発射された。信綱の機転がなければ大変なことになるところだった。皆々は肝を冷やした。青山忠俊は信綱を傍らに招き、「今日の振舞いは言葉では言い表せないほどの忠節なり。御家人万人あれども及びがたい」と泪を浮かべて称えた。

また、将軍家光の御寝所の次の間に寝る時は、戸を足で踏んで出入りに用心した。これではストレスで胃も痛くなるような神経の使いようであるが、信綱も奉公の甲斐あって知行を拝領する時がきた。二十五歳のときである。元和六年（一六二〇）一月二十日、信綱は知行五百石を拝領した。この五百石の知行拝領については、話しがある。

家光が祖父の家康を崇敬していたのは有名である。神君家康を祀るために日光東照宮が造営された。その日光造営に際し、眩暈気味の家光に伺いを立てつつ造営をつづけていたところ、神前の反り橋の反りの勾配を決めかねていた。家光はいら立った。すると信綱は、扇子を開き、一面ずつ畳み入れ、家光が気に入ったところをもって橋の勾配を決めたので、家光の機嫌もよくなり、人びとも感心した。

この話しは江戸城二の丸の廊下橋のことともいわれるが、信綱の事績とエピソードをまとめた『事語継志録』によると、その日のうちに五百石の新恩に浴し、これが信綱の出世の始まりだったと記述している。信綱は、これを機に家紋を三本扇にしたという。

また、この年の十二月、養父正綱に実子左門（諱は正次、のち利綱）が生まれている。信綱は左門に養父の家を継がせ、自立する意味をこめて、諱を正永から信綱と改めた。

大名への取り立て

元和九年（一六二三）は信綱にとって節目の年となる。この年の六月末上洛した家光が、七月二十七日、伏見城において将軍宣下を受けたのである。家光が上洛する直前の元和九年六月十五日、信綱は小姓組番頭となり、新恩三百石を賜った。そして家光の上洛に供奉し、京都で従五位下伊豆守に叙任された。

家光の親衛隊は大御所となる秀忠の親衛隊から選抜され、将軍宣下のための上洛を機に、家光の小姓組・書院番組として編成された。信綱の他に家光子飼いの側近の阿部忠秋も小姓組番頭となり、堀田正盛は少し遅れて寛永三年（一六二六）に小姓組番頭になっている。彼らは将来年寄となり、幕政運営を担う幹部候補だった。

信綱は、寛永元年（一六二四）に千二百石を加増され（都合二千石）、同三年に家光の二度目の上洛に供奉したのち、八千石を加増され、ここに信綱は一万石の大名に列した。そして信綱は、寛永七年に五千石を加増され、都合一万五千の知行となった。

家光が将軍となると、内藤忠重と稲葉正勝が家光付きの年寄となり、小姓組番頭の松平信綱・阿部忠秋・堀田正盛が年寄の次に位置づけられる重責を担った。

3　家光の側近閣僚

対抗する長老と将軍近臣

寛永九年（一六三二）一月二十四日、大御所秀忠が死去すると、中央政界は大きく変動する。江戸城本丸の将軍家光と西丸の大御所秀忠による二元的な政治体制は解消し、家光による将軍親政が開始されることになる。

大御所秀忠・将軍家光の時代、幕府の最高役職の年寄は、西丸年寄と本丸年寄に分かれていた。秀忠の死去によって西丸年寄は解体され、家光は西丸年寄を本丸年寄へ吸収合体させた。この時期の年寄の構成は、大御所付きだった西丸年寄が筆頭の土井利勝に酒井忠世・酒井忠勝・永井尚政・青山幸成を加えた五人であり、家光付きの本丸年寄が内藤忠重と稲葉正勝である。

この年寄衆のなかで、秀忠死去後の幕府を主導したのは酒井忠世・土井利勝・酒井忠勝の三人である。家光の時代になっても大御所の息のかかった年寄が中央政界で幅を利かせていた。

家光は、秀忠時代の実力者である酒井忠世・土井利勝・酒井忠勝の三人を遠ざけ、幕府閣僚の若返りを図り、稲葉正勝・松平信綱を中心にとした子飼いの側近閣僚による幕政の運営をめざした。

居残る長老たち

しかし、年寄三人組はしぶとかった。酒井忠世は寛永九年（一六三二）七月に中風に倒れるものの、政界に復帰している。酒井忠世・土井利勝・酒井忠勝など旧年寄衆の幕政主導が当面つづいていくことになる。

そこで家光は、まず稲葉正勝を年寄衆に並ぶ位置に据えようとした。ついで家光は、青山幸成・内藤忠重を年寄衆から外し、旧年寄衆の整理・排除をはかりつつ、寛永九年十一月十八日、信綱を「宿老（年寄）並み」とし、稲葉正勝につづく子飼い側近の年寄就任への道をさぐった。

年寄の最大の役目は、将軍の命令を大名・旗本に伝達する「奉書」への署名（加判）であるが、信綱の加判が確認できるのは寛永十年四月のことである。松平信綱は稲葉正勝につづいて年寄に列した。

ついで家光は、寛永十年三月、年寄衆の権限のうち、「いささかの御用向き」については信綱と阿部忠秋・堀田正盛・三浦正次・太田資宗・阿部重次に任せ、後の若年寄につながる「六人衆」を設けた。そして同年五月には、松平信綱に一万五千石を加増して三万石の武蔵忍城主とするとともに、阿部忠秋・堀田正盛を「松平伊豆守（信綱）並み」とした。家光側近の年寄が、稲葉正勝・松平信綱に阿部忠秋・堀田正盛を加えて四人になった。

対抗策としての将軍家光の親政

以上のように、家光は、大御所秀忠の死後、大御所時代からの旧年寄衆を整理・排除し、子飼い側近の引き立てによる幕政の掌握をめざした。しかし、思いどおりには進まなかった。

誤算だったのは、家光が最も重用し、酒井忠世・土井利勝・酒井忠勝の年寄三人組の対抗馬としようとした稲葉正勝が、寛永十一年（一六三四）一月、三十八歳の若さで死去したことである。誤算といえば、大御所時代からの年寄三人組が、幕府の中枢に居座りつづけたのも誤算だった。

そこで家光は、寛永十一年三月三日には幕府の職務を年寄と、六人衆（若年寄）・町奉行などとに分割するが、大きな年寄衆の制約にはならなかった。

寛永十一年閏七月、ようやく年寄三人組の一角がくずれた。同年六月、家光は三十七万余の大軍を擁して京都に上るが、その留守を預かった酒井忠世が、江戸城西丸焼失事件を起こし、失脚する。しかし、土井利勝・酒井忠勝の二人は、なおも幕政中枢に居残りつづけた。

そこで家光がとった方策は、幕政の実権、幕府の政治組織を将軍のもとに集中する親裁方式である。

すなわち、寛永十二年末までに、年寄の権限を、土井利勝・酒井忠勝の両年寄の権限と、新参の年寄で、若年寄との橋渡し役である松平信綱・阿部忠秋・堀田正盛の権限とに分け、さらに寺社奉行・勘定頭・留守居などの幕府の主要な職制を立て、年寄も含めた幕府の政治組織の全体を将軍家光自らが直轄する親政体制をとった。

この将軍が幕政全体を直轄する親政体制は、翌年まで比較的順調に運営される。ところが、寛永十四年に入ると、家光が長期にわたって鬱病症状の病気となり、将軍の引き籠りがつづいている。そして幕政が渋滞するなかで「島原の乱」が引き起こされることになる。

確認しておくと、島原の乱の当時の幕府閣僚は、年寄が土井利勝・酒井忠勝に将軍側近の松平信綱・阿部忠秋・堀田正盛を加えた五人、若年寄（六人衆）が土井利隆・酒井忠朝・三浦正次・阿部重次・朽木稙綱の五人である。

土井利隆は土井利勝の嫡男、酒井忠朝は酒井忠勝の嫡男である。土井利隆・酒井忠朝は十七歳で若年寄に抜擢され、寛永十四年十月の島原の乱勃発当時、十九歳であった。土井利隆の妻は松平信綱の次女、亀である。

幕府閣僚には、ほかに大御所秀忠死後の将軍家光を支えるために、譜代大名の筆頭、彦根藩主の井伊直孝が幕府中枢に配されていた。井伊は暫定的に別格の年寄的な役目を果たしているが、正式の年寄ではない。

当時の幕府閣僚における松平信綱の序列は、平戸オランダ商館長ニコラス・クーケバッケルによると、土井利勝・酒井忠勝につぐ「第三位」であった。

第二章　飛躍の舞台となった原城戦争

松平信綱が、政界「第三位」の地位から最高実力者へと飛躍する舞台となったのが、島原の乱（島原・天草一揆）における原城攻防戦、原城戦争である。

一揆勢と幕藩軍の全面的な軍事対決となった原城戦争において、十三万近い幕藩軍を指揮し、一揆勢の立て籠もる原城を制圧した実績が信綱の評価を格段に高めた。そして原城総攻撃を一日早めた鍋島勢の軍法違反の軍事行動が、信綱が中央政界に辣腕を振るう大義を与えることになる。

1　幕藩軍の指揮

一揆征討上使への任命

寛永十四年（一六三七）十一月二十七日、松平信綱は、島原藩領・唐津藩天草領で起こったキリシタン一揆を征討する幕府上使に任命された。相役は美濃大垣藩主（十万石）の戸田氏鉄である。大物の上使コンビといえる。

一揆は、まず寛永十四年十月二十五日に島原藩領において蜂起し、翌日には唐津藩天草領でも蜂起している。島原藩領での一揆蜂起の知らせが江戸に到着したのは十一月九日である。幕府は即日、一揆征討の上使として、将軍家光側近の板倉重昌（三河深溝藩一万五千石）を派遣することにした。相役は使番の石谷貞清である。板倉と石谷が江戸を立つと、すぐに天草領での一揆蜂起の知らせを受けており、板倉と石谷は島原と天草の一揆の征討にあたることになった。

松平信綱と戸田氏銕が幕府上使に任命されたのは、板倉と石谷が上使に任命された十八日後である。松平信綱と戸田氏銕は十二月三日に江戸を立つが、その直前に天草において合流した天草と島原の一揆が唐津藩勢を破り、総大将格の富岡城代三宅藤兵衛を討ち取ったとの急報がもたらされている。幕府は、急遽、松平信綱と戸田氏銕を天草に向かわせることにした。

同時に幕府は、天草で合流した天草領と島原藩領の一揆が唐津藩勢を敗走させたとの注進を受けると、島原・天草一揆への対応策として一揆勢の全員誅伐、「なで切り」の方針を決めている。一揆勢全員を「なで切り」にすれば、島原・天草は大変な「荒所」となる。荒廃した島原・天草を建て直すことが第二の上使の役目であり、松平信綱と戸田氏銕は来年の二、三月まで現地に駐在することが見込まれていた。

こうした幕府の方針は十二月十二、三日ごろに板倉重昌のもとに届いていたはずである。しかし、現地の状況は全く違っていた。佐賀・柳川・久留米・島原四藩の軍勢を主力とする幕藩軍は、十二月十日に着陣すると、島原藩領の原城に立て籠もった一揆勢と対峙する状況となっている。

板倉重昌は着陣するとすぐに新たな上使の派遣を知り、幕府から「なで切り」による一揆制圧の方針を伝えられた。今度の上使は大物である。板倉は、松平信綱の到着前に原城を攻略することを迫られ、寛永十五年正月元旦に総攻撃を強行し戦死するにいたる。

ところで新たな上使は、一揆制圧後の島原・天草の統治にあたることから幕府年寄クラスの人物の派遣が検討された。この時期の年寄は、土井利勝六十五歳、酒井忠勝五十一歳、松平信綱四十二歳、阿部忠秋三十六歳、堀田正盛三十歳である。土井利勝は老齢である。酒井忠勝は老齢とはいえないまでも、年配であり、土井利勝ともども幕政運営の中心である。土井利勝と酒井忠勝の上使派遣はありえなかった。堀田正盛はまだ若く、また当時は病気がちであった。

したがって上使は松平信綱か阿部忠秋ということであろうが、将軍家光は、年長でもあり、大軍を動かす器量と統率力という点で信綱を起用した。家光には、信綱に戦場で実績を積ませ、病死した稲葉正勝に代わって幕政の中心に据えようとしたねらいがあったものと思える。

松平信綱四十二歳。もはや若手閣僚とは呼べない年齢となっている。信綱には、これまでこれといった目立った政治的な事績はない。ただ切れ者の幕府閣僚として将軍家光の引き立てを受けてきた。信綱が今回の一揆征討の上使に任命されていなければ、これといった履歴の画期を経ることなく、やがては幕府長老として煙たがられる晩年を迎えていたと思える。

今回の上使任命は、松平信綱の政治的な力量を開花させる政治舞台となった。

着陣の際の心構え

松平信綱は、やはりできる男である。幕藩軍という大組織の動かし方、戦場という殺気立った現場への乗り込み方を心得ている。それは、着陣時の信綱の言動によく示されている。原城の陣場は前任の幕府上使である板倉重昌を戦死させてしまった直後である。そこに大物の上使の二人がやって来るということで、陣場は緊張していた。

陣場ではビップ待遇の受け入れ準備が急ピッチで進められた。両上使と幕府役人団、その家臣を収容する陣小屋の建設が開始されている。そして細川・寺沢両家によって両上使の陣小屋に入れる調度・寝具・道具類、食料・飲み物など衣食住全般にわたるおびただしい物品・物資が用意された。

信綱は、その全ての受け取りを断っている。したがって到着当日の食事はないし、その夜の寝具から自前で用意しなければならなかった。ところが食事を用意しようにも薪一つない。なんと信綱以下、全員が生米を食べている。戦場で生米を食べるのは禁物である。腹をこわす。やむを得ないときには、生米を水に浸しておいて食した。その時間もなかった。信綱の事績録『事語継志録』には、「上下ともに生米を噛みて、湯を呑みて居るとなり」と記されている。

寒空のなか寝るのも一苦労である。到着した夜は悲惨だった。夜に入って雨になっている。世話をする細川家・寺沢家では陣小屋ができるまでの間、信綱には当座の陣小屋を用意していたであろうが、これも断わっている。

信綱は葛籠を左右に置かせ、これに棒を渡してテントを張ったような状態で寝ている。用意されていた蒲団類・寝間着も、ともかく何も受け取っていない。また、長旅の信綱には風呂に入ってもらうよう、海上には風呂舟が用意されていた。信綱は、これも辞退している。松平信綱、なかなかやるではないか。

陣場では諸大名以下、不自由な戦場生活をしている。日向延岡藩主の有馬直純などは着陣が遅れたために陣小屋の割り当てがなく、先着の家臣の狭い小屋に入っていた。風呂舟で総指揮官たる信綱が長旅の疲れを癒しても、誰も陰口をたたくものはないだろうに、この男は一切の待遇を辞退した。総指揮官が特別待遇を辞退し、戦場の不自由な生活をともにすることで、将兵の心情も変わる。大組織を率先する際に、何が大事か、この男は肝に銘じている。小姓時代以来の長い柳営生活で培われたものであろう。

信綱のもとには毎日おびただしい人の出入りがあった。訪れる際には手みやげの一つも持ってくる。信綱は一切受けつけていない。着陣の時点で明言している。陣中で信綱の言動は首尾一貫しているとの評判を受けるが、自分を律することにも厳しかった一面をうかがいうる。

信綱は、このあとで原城総攻撃の際の鍋島勢の軍事行動を軍法違反として糾弾していくが、信綱だからこそ周囲も糾弾を不当とは思わなかったものと思える。九歳から「生まれながらの将軍」に仕えて磨かれた資質はダテじゃない。

前線を信服させた的確な命令

松平信綱は、幕府上使として寛永十五年一月四日に原城に着陣した。着陣してから総攻撃までには二ヵ月近くを要しているが、前線の軍勢に下す命令は的確であり、計画的で段階を踏んで手順を進めている。今流に言えば、城攻めの行程表を立て、それにもとづいて命令を下している印象を受ける。大名側もそのように評価している。

熊本藩主細川忠利は、寛永十五年一月二十六日に原城の陣場に着陣しているが、同年二月六日付けの書状において、「伊豆殿（松平信綱）は、存じの外、申されることが確かで、下々も有難がっている。伊豆殿は出色の人物だと感じ入った」と書いている。

細川忠利は情報通の大名であり、松平信綱がやり手の有能な閣僚であることはよく知っていたが、「存じの外」という言い方は、想像していた以上に信綱が下す命令が的確で、ブレずに首尾一貫していたことを示している。忠利は、相役の戸田氏鉄の方は「御代の儀」に明るいと評価している。六十二歳の戸田は、徳川家の覇業を切りひらいた家康の代の戦陣に関する故事などにも通じていたようである。幕藩軍は適任の上使を戴いていたことになる。

信綱は、二月一日には城中に使者を送り、一揆勢と開城をめぐる交渉を行っているが、事実上決裂していたことから、二月五日、近々一揆勢の夜襲・切り込みもあるとみて藩主を招集した。そして信綱は、藩主たちに、陣場の周囲にめぐらした柵の二重化、火薬の船中での管理、武器類の厳重管理、火の用心などを命じた。細川忠利が、「伊豆殿は、存じの外、申されることが確かだ」と書状に書いているのは、その翌日である。

総指揮官として前線の諸大名をまとめていくのは大変である。前任の板倉重昌は大名たちに振り回された。信綱の場合、着陣以来約二ヵ月間、二月二十七日の総攻撃まで全軍に攻撃をさせていない。大名側に陣地構築という地道な働きを求めてきた。

つまり信綱は、着陣すると、前上使の板倉重昌のもとで進められてきた仕寄策（竹束・柵で陣地を進める攻城策）を一旦中止させ、築山と井楼（材木を井桁に組み上げた櫓）の築造を優先させた。これまで幕藩軍が、原城の周囲にめぐらされた城塀（土塁と板塀）からの攻撃に敗退していたからである。

信綱は、城塀を破壊し、城ぎわから一揆勢を後退させるには、城塀の高さを越える井楼と築山を築く必要があると考えた。築山に設置した砲台からの石火矢・大筒の砲撃で城塀を破壊し、井楼から鉄砲攻めにして一揆勢を城ぎわから退かせ、そのうえで玉防ぎの竹束・楯を設置し、柵をめぐらす仕寄を城ぎわ近くまで前進させることに徹している。

地道な攻城策で大名側のストレスは溜まってくる。福岡藩主黒田忠之のように、江戸の将軍家光のもとに、「自分に城中を攻撃させてくれ」と直訴する大名まで出てきた。黒田氏は、寛永十五年一月十二日、江戸に板倉重昌討死の報が届いた時、家光に召され、「よろしく頼む」と直々に出陣を命じられている。意気に感じた忠之は、江戸藩邸にも上がらず、伝来の鎧冑だけを持って原城に駈けつけていた。

黒田忠之の直訴騒動があったあとで、細川忠利は、原城の戦場における松平信綱の器量、その存在力について、江戸にいる父親の細川忠興に次のように知らせている。

存じの外、伊豆殿（松平信綱）は、万事の申され様が首尾一貫していて腰がすわっている。私は、伊豆殿がこれほどの人物だとは思っていなかった。伊豆殿の下知がないと、万事が静まらない状況にある。

信綱のブレない的確な下知と、毅然とした存在力が、黒田忠之のような大名側の不平不満・自己主張を押えこみ、全軍を城ぎわに陣地を近づける仕寄策に向かわせていた。

オランダ商館参戦の深慮

前述したように、松平信綱は、着陣以前の三度にわたる幕藩軍の敗退をふまえ、城攻めの方策として、城中を見下すような高さの井楼（櫓）と、大砲の砲台となる築山の築造を命じた。大坂城の石火矢・火薬を運ばせ、平戸オランダ商館に大砲を搭載した船の廻送を命じたのも大砲による城中への砲撃に参加させるためだった。

前任の上使の板倉重昌が商館側に要請していた火薬の提供と違い、オランダの国策会社である平戸商館の船が城中砲撃に参加することは、オランダの参戦に近い外交的な意味合いも持ってくることになる。信綱は、着陣すると、すぐに躊躇なくオランダ商館に船の廻送、城中砲撃を命じている。明敏な男である。幕府の中心的閣僚が、長崎の出島に入っているポルトガル商館と競争関係にある平戸のオランダ商館に参戦を求めることの外交的意味について、判断したうえでの命令である。

大名側の評判は芳しくなかった。とくに熊本藩主の細川忠利は、原城に着陣したその日にもたれた軍議の席で、「一揆を相手に異国船を用いるのは日本の恥である。速やかに帰帆させてしかるべきである」と信綱に申し入れている。信綱は、オランダ船の砲撃の効果と限界も見えていたこともあり、細川忠利から申し入れがあった翌日、商館長に帰帆を命じている。ここらあたり、傾聴に値する忠告にはサッと従う潔さを感じる。そのうえで信綱は、細川忠利に対し、オランダ船を呼び寄せたねらいを次のように説明している。

拙者が異国船を呼び寄せたのは、一揆どもが南蛮国と申し合わせ、追っ付け南蛮より加勢が来ると百姓どもを欺いていているやに聞いているからである。そこで異国人に申し付け、砲撃させれば、南蛮国さえあのような状態であり、城内の百姓どもも「宗旨の霊言」などマヤカシであることを分からせるために、異国船を呼び寄せた。

熟慮し、決めたら果断に実行する。そして傾聴に値する意見には潔く従う。信綱には、そういう度量というものを感じる。細川忠利が、この上様お気に入りの男を見直したのは、この時であろう。

2　政治生命をかけた原城攻略

将軍家光が禁じた抜け駆け

松平信綱は原城攻略におのれの政治生命をかけていた。それゆえ原城落城後、原城攻略を失敗させかねなかった鍋島家の抜け駆けに怒りをみせる。将軍家光は直々に前線に命令を下し、抜け駆けを禁じていた。「上様の命令を何と心得るのか」、というのが信綱の怒りの根源だった。

家光は、一揆蜂起当初、島原から天草に拡大した一揆の状況を気にしつつ、早晩、鎮圧されるものだと思っていた。ところが、寛永十五年一月十二日、驚くべき注進が江戸にもたらされた。同年正月元日の総攻撃で幕藩軍が一揆勢に大敗し、こともあろうに総指揮官たる板倉重昌が前線に取り残され、戦死したというのである。

家光は激怒した。家光は、戦死した板倉を「不調法」「不届き」となじり、板倉を見殺しにしたとして佐賀・柳川・久留米三藩の藩主、それに天草で手間取っている熊本藩の藩主を江戸城に呼びつけ、即日、帰国のうえ出陣せよ命じた。

そして家光は、この日、近臣の宮木和甫・石川貴成を島原に送り、上意を前線に申し渡した。家光は、上使を通して、去る十二月以来の何度かの城攻めが「一人立ちの働き」など「粗忽」な行動によって勝利していないことに家光が激怒していることを伝え、今後の城攻めの方策として抜け駆けを堅く禁じた。元日の大敗北も久留米藩有馬勢の抜け駆けが発端だったからである。

この家光の上意は、寛永十五年二月二日に陣場の藩主たちに伝えられた。将軍家光の怒りは前線を緊張させたものと思える。そして幕府上使の松平信綱・戸田氏銕は総攻撃に際して諸大名を集めて評定を持ち、家光が求めた「誓約の請判」(誓約を守るとの判形)にもとづいて藩主たちに「抜け駆けを禁じる。違反すれば改易とする」と誓約させた。藩主の誓約は絶対である。

松平信綱が、江戸に戻ったあと、抜け駆けをした鍋島家について改易も視野に処分を画策するのは、この藩主たちと取りかわしていた誓約にもとづくものだった。

家光からの親書

信綱は原城攻略に強い決意で臨んでいた。その決意を一層強くしたのは、家光から手紙をもらったことにある。徳川将軍の手紙(親書)を「御内書」というが、家光の御内書は数少ない。そのうちの一通である。

家光は、寛永十五年二月二日付けで親書をしたため、上使の市橋長吉に持参させている。市橋が原城に着いたのは二月十六日である。信綱が、仕寄策の仕上げとして、城中を見下すような大井楼の設置を命じ、総攻撃も近いと感じられた時である。家光も適切なタイミングで前線に親書を出したものである。

この親書は、家光の真情がよく出ている。家光は、親書の最後で「年が明けてから気分もよく、脈もなおった。おおかた病も本復した。伊豆（松平信綱）も江戸のことは心配せず、そっちの方で精を出して欲しい」と書いている。家光の気づかいが感じられる。戦場で読めば、グッとくる文面である。

家光は、前年の春あたりから長らく病気だった。症状的には鬱病とみられる。島原の乱が起ったころから、ようやく回復の気配が感じられるものの、本調子には遠い。家光の親書には戦地の信綱と戸田氏鉄を思いやる細やかな気づかいと、心配性の一面を感じさせる。

家光には反省もあった。この年の正月元日の総攻撃で討死した上使の板倉重昌を「不調法」「不届き」となじり、佐賀・柳川・久留米・熊本の四藩主を城に呼びつけ、板倉を討死させたことを責め、即日の帰国を命じた。親書では家光も戦地での彼らの「辛労」を察している。

そして家光は、「伊豆（松平信綱）と左門（戸田氏鉄）がいるから何も心配していない」としつつ、大名諸家を束ねる要領を説いている。やはり板倉の討死で、将軍でない者が藩主に率いられた軍勢を統轄することのむつかしさに思い至ったのであろう。「軍勢が動かない時は前もって江戸に申し上げよ。無理に動かせようとすると、またまた大勢を失うことになる」と、将士の犠牲を最小限に抑えたいとの真情をみせている。

家光の説くところは、「ともかく藩主たちとよく話し合い、任せるところは任せ、幕藩軍が全軍一体として動くようにせよ」といったものである。家光のいう「幕藩軍が全軍一体として動く」ようにするために、何が必要だったか。それが戦場の規律、軍法であり、軍法に従った軍事行動をさせることだった。

この家光の親書は残されていない。信綱の実家、大河内家の側に残されているのは、相役の戸田家に残されていた写しを写したものである。信綱は、死に臨んで嫡男輝綱に有馬関係の文書類を焼却させている。家光の親書は、信綱が冥土へ持っていったものと思える。

原城攻略への決意

松平信綱は、城攻めにあたっての覚悟について、陣中で熊本藩主の細川忠利に語っている。原城落城後、細川忠利が、幕府惣目付（大目付）の柳生宗矩に宛てた寛永十五年三月五日付けの書状の一節である。信綱が家光から親書をもらったあとのころ、総攻撃が迫った二月二十日前後のことかと思える。

信綱は、「原城攻略をしそこなえば、二度と江戸へ下ろうとは思わない。先手の軍勢が崩れても、自分がたとえ手負いになろうとも、意識があるうちに軍勢を退くことはしない」と、原城攻略にかけるおのれの自覚と信念を述べている。「自分がたとえ手負いになろうとも」とは、幕府上使自ら前線で全軍の指揮をとるとの決意を述べたものである。それゆえ「軍法を破るものは絶対に許さない」と明言している。

信綱は、「軍法に違反する者がいれば、上様に何度も申し上げ、上様が御法度（裁判）にかけられないようならば、さらに申し上げ、必ずや公儀の裁きを受けさせる」と細川忠利に語っている。軍法を破るものには、「この伊豆が相手になってやる」。思い固めた信念は、凄みさせ感じる。

松平信綱は、総攻撃を前にして、軍法違反者は公儀の裁きにかけると断言していた。戦後の鍋島家の軍法裁判は、これを実行したものである。細川忠利は、こうした松平信綱に高い人物評価を与えている。忠利は、二ヵ月近く信綱と身近に接し、話しを交わすなかで信綱の人間力に感じ入っている。信綱も律儀な忠利を信頼し、忠利が関ヶ原戦い・大坂の陣も経験していることから、両人は陣営でよく話しを交わしていた。

忠利によると、信綱は、上様（将軍家光）の「御為」を第一義に行動することを政治信条とし、今回の「一揆の城」の攻略を仕損じれば「二度と奉公しない」、「二度と江戸に下ることはない」と語っている。忠利は、その腹の「すわり」に、「さすがに上様お取り立ての人物だ」と感じ入っている。

3　幕藩軍の軍法と原城総攻撃

総攻撃の軍法

松平信綱は、かねてから「軍法を破るものは絶対に許さない」と明言していた。そして、原城総攻撃における佐賀藩鍋島勢の軍事行動は、信綱から抜け駆けの軍法違反として糾問される。その際の軍法とは、将軍家光が前線に下した上意、上意の遵守を誓った大名側の誓約であり、これに総攻撃の際の軍法が加わる。幕府上使が定めた総攻撃の軍法とはどのようなものだったのか。簡単にみておこう。

寛永十五年二月二十四日、松平信綱と戸田氏鉄は藩主と上使衆を集め、来る二月二十六日を「惣攻め」と確認し、総攻撃の軍法を定めている。総攻撃の日程は天候の関係で順延され、最終的に天候のいかんにかかわらず、二月二十八日に決行することが決められた。総攻撃の軍法に変更はない。次のようなものである。

一、太鼓を合図に人数を出せ。

一、ほら貝を合図に軍勢を押し出させよ。
一、つるべ鉄砲を撃ち、総勢で鬨をあげよ。
一、総勢一同に攻撃せよ。
一、総勢の攻め時とみれば、火矢を透き間なく撃て。
一、海手では番船を漕廻させ、鉄砲を間断なく撃て。
一、後陣の衆は、下知がないのに、先手を越えて攻撃してはいけない。
一、跡備より鉄砲を撃つことを禁じる。
一、先手衆の乗り込みが終わると、城内の小屋に火をつける役の者に火つけを申し付けよ。
一、城中に乗り込んだ軍勢は、大将の差し引き、下知に従え。
一、味方討ちのないように申し付けよ。

幕藩軍の総司令官たる松平信綱・戸田氏銕の方針は、つまるところ第四条の「総勢一同に攻撃せよ」と定めているところつきる。そして具体的な方針の一つとして、「つるべ鉄砲を撃ち、総勢で鬨をあげよ」と定めている。

これまで一揆勢が幕藩軍の城内への進攻をくい止めていたのは、原城の周囲にめぐらされた城塀（土塁と板塀）である。そこで幕藩軍は、まず築山をつくり、築山の砲台からの大砲（石火矢・大筒）で城塀を破壊する方策をとり、ついで柵と玉除けの竹束で城際に陣地を近づけ、井楼を築く仕寄策をとった。

そして総攻撃まぢかの寛永十五年二月二十日ごろには仕寄が城際五、六間（十～十二ｍ）にまで近づき、築山のうえに設けた櫓（大井楼）や釣井楼（船の帆柱にゴンドラ状の木箱を釣り上げたもの）をもって城塀を見下げる形で城中に射撃を加えることが可能となっていた。

「つるべ鉄砲」とは横一線の一斉射撃のことであるが、城中に突入するまでの「つるべ鉄砲」とは、城中を見下ろす大井楼・釣井楼からの鉄砲による一斉射撃のことである。この一斉射撃の猛攻で一揆勢を城ぎわから退かせ、鬨の声をあげさせ、法螺貝を合図に総勢を一斉に城中に乗り込ませて一気に片をつける、というものである。

城中に乗り込むまでが勝負であった。城中に乗り込んだあとの軍勢の差引は大名側に任せるにしても、城中に乗り込ませるまでは、全軍の足並みを揃えた一斉行動を厳命した。

それなのに鍋島勢は単独で城中に攻め入り、二月二十八日と決めていた総攻撃を一日早めてしまった。総攻撃が、なしくずし的に前日の二月二十七日に開始されたのである。

確かに二月二十七日は総攻撃のチャンスだった。久留米藩有馬勢が井楼から城中を偵察し、二の丸の出丸に一揆勢の姿が見えないことを察知した。久留米藩主有馬豊氏は上使に「出丸に一揆勢の姿が見えない」と通報し、総攻撃を進言した。しかし、松平信綱は攻撃を認めなかった。

取り決めたとおり、明日、二月二十八日の全軍の一斉攻撃で片付ける、これが松平信綱の固い決意だった。信綱が、戦後、単独で城中に乗り込み、全軍足並みを揃えた総攻撃を大混乱に陥れた鍋島勢に怒りをみせるのも、当然といえる。

鍋島勝茂が宿願とした抜け駆け

それでも鍋島勢は抜け駆けをした。藩主鍋島勝茂にとって鍋島勢単独の城攻めは宿願だったからである。藩主勝茂は、寛永十五年二月二十一日、総攻撃をひかえ鍋島勢の軍法を定めている。

そこでは、まず、「抜け駆け」を禁じた将軍家光の上意の遵守を誓っている。同時に鍋島家の軍法として、総攻撃の際には鍋島家の持ち場であった二の丸の出丸に乗り込む方針を決め、その手順を定めている。

二の丸の出丸に乗り込んだ二月二十七日の軍事行動は、鍋島家の軍法どおりの手順で進められている。抜け駆けを禁じながら、それを予感させる軍法となっている。そこには、藩主勝茂の原城総攻撃にかける思いがあった。

鍋島勝茂は、島原・天草一揆の報が江戸に伝えられ、攻撃対象が原城に定まると、江戸から何度か軍法を出し、「鍋島一手」（鍋島勢単独）による城攻め、城中への「一番乗り」をくり返し命じている。そして寛永十五年一月二十九日、原城に着陣した勝茂は、二月八日、近まる総攻撃に向けて定めた軍法のなかで、鍋島家にとっての今回の城攻めの意味を次のように家中に説いている。


日峯様（鍋島直茂）御逝去の後、我等の代になっての弓箭（合戦）、今度が初めてなので、一層の忠節に心がけよ。家の再興など諸々のことがかかっているので、昼夜下々まで精を入るべき覚悟、この節である。

「日峯様」とは佐賀藩の藩祖、勝茂の父、鍋島直茂のことである。直茂は、肥前を本拠に「五州二島の太守」と称された戦国大名龍造寺隆信の別格的な重臣であったが、天正十二年（一五八四）、隆信が戦死すると、豊臣・徳川の中央権力と結びつきながら、隆信の子政家、政家の子高房を政治的に無力化させ、龍造寺一門を切り崩し、龍造寺高房を自殺に追い込んで、龍造寺家という大名家を鍋島家としてつくり変えた。直茂は、龍造寺家を跡形もないほどに抹消し、鍋島佐賀藩をゆるぎのないものとした。

しかし、勝茂個人でみれば、慶長五年（一六〇〇）の関ヶ原合戦では鍋島勢は西軍につき、慶長二十年（一六一五）の大坂の陣には戦いに間に合っていない。したがって勝茂は、徳川将軍家への「忠節」につながるような「弓箭」（合戦）には役に立っていないと自認する。「我等の代になっての弓箭、今度が初めてである」という意識は、こうした脈略で理解できる。

藩主勝茂にとっては、思いがけずめぐってきた原城への城攻めこそが、将軍家に「忠節」を果たす初めての「弓箭」であった。「鍋島一手」（鍋島勢単独）の城攻めは勝茂の宿願であり、それは抜け駆けに通じるものであった。

鍋島勢の抜け駆けで始まった総攻撃

寛永十五年二月二十七日の昼前、午前十一時ごろであろうか。久留米藩有馬勢が城ぎわの井楼から原城二の丸の出丸に一揆勢の姿が見えないことを察知している。藩主有馬豊氏は幕府上使の松平信綱に急報し、総攻撃を進言するとともに、仕寄を担当している鍋島勢・細川勢など諸藩に通報した。

しかし、松平信綱は、予定どおり明日、二月二十八日の総攻撃の方針に変わりないことを厳命し、有馬氏の進言をしりぞけた。有馬豊氏も諸藩の藩主も松平信綱の命令に従った。

ところが鍋島勢は、有馬氏からの通報を受けると、出丸での軍事行動を開始した。鍋島勢の先手は、自家の軍法に従って出丸の土塁（鍋島側でいう「一の土手」）に竹束（弾除け用の楯状の竹束）や楯で防御施設をつくった。ここで撤収すれば問題なかった。

鍋島家の軍法でも一応城中への進攻を禁じているが、出丸に乗り込めば一揆勢と交戦する可能性は高い。軍法も「出丸において所期の目的を達したならば、あとの行動は状況を見計らって申し付けよ」と臨機の対処を求めており、出丸に乗り込めば、一揆勢との交戦になることを十分想定していた。

積極的だったのは、鍋島勢の軍目付として付けられている長崎奉行の榊原職直だった。松平信綱は、戦後、「幕府の上使が軍目付でついていながら、どういうことだ」と榊原職直に怒りをみせた。榊原職直は、せがれの職信を連れてきていた。職信に手柄をたてさせたい。積極的に出た理由は、そこにもあった。

さて、二月二十七日の正午ごろ、二の丸の出丸に乗り込んだ鍋島勢は、出丸だけにとどまらず、軍目付の榊原職直・職信父子に主導される形で、出丸と二の丸の境にあった土塁（鍋島側でいう「二の土手」）に向った。そして鍋島勢が土塁を乗り越えようとしたところで、気づいた二の丸の一揆勢と交戦状態となった。

二の丸の出丸に一揆勢がいなかったのには理由があった。この日、城中の食糧が枯渇状態に追い込まれていた一揆勢は、「男女五、六千」を動員して城の裏手の海岸に磯もの取りを行っていた。原城の裏手は断崖であり、海上の番船からの砲撃もある。城中の戦闘員、これに準じる男女の半分ぐらいは、枯渇した城中の食料調達のために決死の覚悟で海岸に出ていたのである。海岸の一揆勢も鍋島勢と城中の一揆勢の交戦に気がついて城中に走り込んだ。

幕藩軍は、午後一時ごろ、鍋島勢が城中に乗り込んだのを察知して、それぞれの持ち口から城内になだれ込んだ。なしくずし的に幕藩軍の総攻撃が始まったのである。午後三時ごろには鍋島勢が二の丸に火をかけ、幕藩軍は、午後六時ごろまでには二の丸、三の丸を制圧している。

そして本丸を取り囲んだ幕藩軍の諸勢は、午後七時ごろには一揆勢との死闘の末、本丸に攻めのぼった。この本丸の高石垣をめぐる死闘のなかで本丸一番乗りが出たことになる。日が暮れたことで幕藩軍は本丸内部への進攻を中止し、夜中も細川勢などが占拠した本丸の一角や城際で攻防戦が継続された。

幕藩軍のなかで細川勢は海手の方角から本丸に乗り込み、一帯を焼き払い、占拠した区域を柵を設けて仕切り、軍勢の一部が鉄砲を打ち放ちながら夜を明かした。翌二月二十八日の早朝、本丸の奥に進攻した細川勢は、焼け残った家屋を発見する。すぐに幕府上使に通報し、火矢で焼き払い、中から飛び出してきた若者を討ち取った。この若者が城中の総大将、益田（天草）四郎だとされている。

将軍家光は、幕府上使として九州に立つ松平信綱に、島原と天草の一揆勢全員の「なで切り」を命じており、総攻撃の二日目、城中の掃討戦に入った幕藩軍は、ほぼ半日、一揆勢の「なで切り」を実行した。寛永十五年二月二十八日の午後二時ごろ、原城は幕藩軍によって完全に制圧され、ここに四ヵ月余つづいた島原・天草一揆、そして原城をめぐる一揆勢と幕藩軍の攻防戦、原城戦争は終結した。

第三章　戦後政局の火種＝幕府の原城評定

原城戦争の終結後、幕府の中枢では閣僚たちの政治抗争くり広げられる。その直接の火種となったのは、一枚の文書だった。土井利勝・酒井忠勝を中心とした幕府閣僚が、将軍家光の御前で原城総攻撃の軍功を評議する原城評定を行い、城中に一番に攻め入った鍋島家の軍功を称え、家光の特別表彰状を発給したことにある。幕府の原城評定にいたる経緯を追ってみよう。

1　戦後の藩主バトル

原城戦争の終結後、始まったのが藩主たちの「一番乗り」バトルである。誰が、どの軍勢が敵の本拠である原城の本丸に真っ先に乗り込んだのか、という軍功争いである。藩主たちは、原城落城と同時に軍功競争を開始し、江戸の幕府中枢に向け外交バトルを展開した。

しかし、鍋島家の「一番乗り」認識は違っていた。抜け駆けを起しつつ、単独で城中に攻め入ったと自認する鍋島家は、幕府最長老にターゲットをしぼり、中央突破を図った。

落城の日のバトル

原城落城の日の夜、早くも藩主たちの軍功バトルが開始されている。寛永十五年（一六三八）二月二十八日の夜、幕府上使の松平信綱・戸田氏鉄のもとに幕府の上使団が集まって、今回の城攻めについての評定がもたれた。集まったのは、将軍の上使として派遣されている惣目付（大目付）の井上政重、若年寄の三浦正次、それに軍目付として各大名家に配属されている長崎奉行の馬場利重・榊原職直、府内目付の林勝正・牧野成純などである。

府内目付とは、徳川家康の三男、結城秀康の嫡男で越前北ノ庄城主（六十七万石）を改易されて豊後府内（現・大分市）に配流されている松平一伯忠直を監視するためにつけられた幕府役人である。

原城評定メンバーのうち、若年寄の三浦正次は、この日の夜、原城落城を報告するため江戸に出発することになっており、幕藩軍の最高司令である松平信綱としては、幕府上使団として今回の城攻めの事実関係、大名諸家の働きについて話し合っておく必要があると判断したものである。

考えてみれば、この評定は重要な意味あいをもっていた。原城攻略を通じて、その存在力が格段に増している松平信綱が評定の中心にいる。そして諸家の軍監である軍目付も全員揃っている。初発の評定で何が話し合われ、どういう議論の落ち着き方をしたのか。鍋島方としては総攻撃をなしくずし的に一日早めてしまったことが、どのように話し合われるのか気がかりであったろう。その場に今夜江戸に立つ三浦正次が加わっているだけに、評定は真剣みを増している。

三浦正次は単なる使者ではない。若年寄の要職にある。三浦が江戸で将軍家光にどのような報告するか、全ては三浦正次による家光への報告、「上聞」で決まると言っても過言ではない。藩主たちは、今夜江戸に向かう三浦正次に託す書状の作成に追われていた。

評定の席に自信満々で臨んだのは熊本藩細川家の軍目付である。何しろ敵の総大将たる天草四郎の首を討ち取ったと確信している。総攻撃の一日目の夜、本丸の一角を占拠して夜を明かし、二日目の早朝、本丸のなかに進攻して焼け残った家屋を見つけ、幕府上使の松平信綱に通報して家屋を焼き払い、出てきた人物を討ち取っている。これが「大将四郎首」（天草四郎の首）だった。一番乗り、「大将四郎首」の討ち取り、ともに細川勢の働きだ、という自信が細川家の軍目付の表情にありありと出ている。

長崎奉行の馬場利重である。

馬場の発言は、あからさまに細川勢による一番乗りを主張したものではないが、馬場は、細川勢が乗り込んだ海手の方角一帯は細川勢で占められ、他の軍勢は細川勢の前に進むことができなかったと説明している。「大将四郎首」の討ち取りの事実とあいまって、事実上、細川勢の一番乗りを主張していることに通じ、また、そのように受け取られていた。

他家の軍目付たちも、その場では「ご尤も」と馬場の発言に同意した。しかし、その後、馬場の一方的な主張に反発するかのような行動をとっている。福岡藩主の黒田忠之などは、軍目付の林勝正から評定のあらましを聞くと、松平信綱の陣営を訪れ、「本丸一番乗りも、四郎討ち取りも」黒田の手の者であると直談判している。

佐賀藩主の鍋島勝茂によると、原城落城の直後の時点で、一番乗りを主張する者は十六人に及んだ。

熊本藩主の細川忠利によると、それから一ヵ月後の寛永十五年三月末になると、その数は二十七人に増えている。極端な話しが、単独の城攻めを自認する鍋島家を除けば、出陣した藩主たちは、全員が自軍による一番乗り、「大将四郎首」討ち取りを主張していたとみてよい。

細川忠利の注進攻勢

三浦正次の出発と前後して、中央政界に向けて一番乗りをアピールする藩主バトルが始まるが、その中心となったのは細川氏と鍋島氏である。両氏ともに自軍の働きには自信を持っていた。細川氏は「大将四郎首」を討ち取ったと確信しているし、鍋島氏には単独で城中に攻め入った軍事行動に絶対の自信があった。

熊本藩主細川忠利は、総攻撃の最中から中央に向けて活発な書状外交を展開し始め、戦況を異例の早さで江戸に伝えている。上使の若年寄三浦正次が江戸に到着するのが三月九日の夕刻である。ほぼ十日で江戸に到着している。

一揆当初の飛脚でも江戸まで十四、五日はかかっているので相当に早い。ところが、細川氏の注進はさらに早い。三月六日には江戸に第一便が到着している。実質六日間ぐらいで届いていることになる。異様な早さである。しかも総攻撃の最中にも時刻を明記して戦場から速達便を出すなど、周到というか、ソツがない。

三浦正次が江戸に到着するまで、原城総攻撃に関する情報は、細川氏の注進が独占していた。細川氏からの注進はすぐに将軍家光のもとに届けられた。

細川家の家譜（正史）『綿考輯録』によると、家光は「喜悦」したという。当然であろう。同書は、「（二月）二十七日、越中守（細川忠利）の人数が先登りし、本丸を乗っ取った」と記述している。これでは、原城が総攻撃一日目に、細川勢の本丸乗り込みによって落城したかのように読める。江戸に大変な誤解を与えた。

この点、松平信綱という男はぬかりがない。原城落城を注進する際に、信綱は注進の書状箱のうえに、大きく「落城」と書いて将軍家光のもとに送ったという。誰でも重大な知らせを待っている時、手紙の封を切るのももどかしい時がある。書状箱の上に「落城」と書いてあれば、一目見て知らせの中味が分かる。さすが、「知恵伊豆」というべきか。

さて、三浦正次の江戸到着以前、幕府中枢では細川勢による原城落城のニュースで沸いていたことが想定される。しかし、三浦正次が江戸に帰着すると、将軍家光の周辺は鍋島一色となる。

一点突破の鍋島勝茂

藩主たちが「一番乗り」を主張して熾烈な軍功バトルをくりひろげているなかで、一人、バトルの火中に入らなかったのが佐賀藩主の鍋島勝茂である。鍋島勢の働きに絶対の自信があったからである。鍋島勝茂は、宿願である鍋島勢単独の城攻めを果たした。諸家の城中攻撃は、鍋島勢が乗り込んだからできた。こういう思いは鍋島勢がひとしく懐いていた自負である。藩主勝茂も、「十六人が一番乗りを主張しているようだが、連中と鍋島勢の働きは違うのだ」、と自軍の働きを確信しており、城攻めの実相を江戸に伝えるべく秘策を練った。

熊本藩主細川忠利のように書状を出しまくってはいない。鍋島勢の軍事行動に自信があるためか、藩主勝茂はピンポイントのねらいを定めた書状を出している。

幕府中枢では、一人の人物にねらいを定めている。幕府最長老の土井利勝である。鍋島家の中央外交はブレが少ない。大御所秀忠の死後、秀忠付きの実力者たちの将来が危ぶまれるなかでも、鍋島家はブレずに土井利勝を最重視する外交を堅持していた。鍋島勝茂は、原城外交も土井利勝一人にしぼっている。

藩主勝茂は、寛永十五年（一六三八）二月二十八日、原城落城の日の夜、江戸にのぼる若年寄の三浦正次に土井利勝に宛てた書状を託している。

大げさに言えば、これが歴史的な書状になった。この鍋島勝茂の書状が将軍家光の披見に入れられ、鍋島家に対する家光の特別表彰状の発行となる。ひいてはこの書状が鍋島勝茂の軍法裁判、土井利勝の政界引退へと発展していくことになる。

実は、鍋島勝茂は、もう一通、三浦正次に書状を託している。将軍家光の幕政顧問であり、鍋島家の政治顧問でもある大和郡山藩主（十二万石）の松平忠明に宛てた書状である。松平忠明。ご存知の方は少ないのではあるまいか。忠明の母は徳川家康のむすめ亀姫。忠明は家康の孫、将軍家光にとって叔父にあたる。土井利勝と松平忠明、それに井伊直孝・酒井忠勝を加えた四人は、このあと松平信綱の政敵となっていくので、松平忠明と井伊直孝について少し説明しておきたい。

井伊直孝は譜代大名の筆頭、彦根藩（二十五万石）の藩主である。松平忠明と井伊直孝は、寛永九年（一六三二）一月、最期を迎えつつあった大御所秀忠が、自分の死後の幕府中枢の混乱と弱体化に対処するため、幕政顧問というべきポストを設け、彦根藩主の井伊直孝と大和郡山藩主の松平忠明を配した。

両人は、三年の約束で幕府に留まるなかで幕政の枢機にも参画し、その後松平忠明は幕府の上方機関の重鎮として、井伊直孝は別格の幕府年寄として幕政に重きをなした。

鍋島家にとって松平忠明は身近な存在でもあった。藩主勝茂の四男で、世継ぎ（世子）とされていた忠直の妻は、松平忠明のむすめである。忠直と忠明のむすめは寛永八年七月に結婚するが、寛永十二年一月、忠直は疱瘡で急逝する。余りに短い結婚生活であった。松平忠明も鍋島家には格別の思い入れもあったと思える。

鍋島勝茂は、松平忠明が将軍家光から島原・天草一揆に対処するための上方の幕府機関の監督格として位置づけられると、国元から江戸に送る全ての書状を大和郡山に廻し、忠明に事前チェックしてもらっているほどである。全幅の信頼をおいていた。江戸には幕府最長老の土井利勝がいる。鍋島家の中央布陣は完璧であった。

鍋島勝茂の主張は、鍋島勢は単独で城中に攻め入ったという、この一点にある。そして、鍋島勢単独での進攻が、二の丸までであったことを自覚している勝茂は、原城の城中に単独で乗り込んだ軍事行動を「一番乗り」とみなし、大名諸家が城攻めに加わった総攻撃のなかで生まれた本丸「一番乗り」を無視した。

2　定まった幕府の原城評定

原城戦争後、中央政界が大きく地殻変動を起こす契機となったのは、一枚の文書だった。鍋島家に贈られた将軍家光の特別表彰状である。幕府は、江戸に到着した上使の三浦正次から原城落城の報告を受けると、その日に、鍋島家の軍功を称え、家光の特別表彰状を出すことを決定している。
結果的には、幕府は、抜け駆けという軍法違反を犯していた鍋島家に将軍家光の特別表彰状を出したことになる。

一変した幕府の原城評定

若年寄の三浦正次が江戸に帰着すると、幕府の原城評定は一変している。鍋島一色の評価となったといってよい。

三浦正次が、原城落城について将軍家光に報告すべく現地を出船するのは、原城を落城させた寛永十五年二月二十八日の夜、午後十時ごろである。三浦が出船したのは原城の旧城下筋の大江の浜であろうか。夜間の航行はきわめて危険である。しかも、原城付近の海域は潮の流れが速い。幕府の高官がとるべき旅程ではない。翌日の早朝に立ってもよさそうであるが、危険をおかし、深夜近い船出となっているところに、家光に一刻も早く落城の知らせを伝えたいとの将軍側近としての思いを感じる。

三浦正次が江戸に帰着するのは三月九日である。十日間で江戸にたどり着いている。強行軍で道中を急ぎに急いでいる。江戸に着いた三浦はへとへとの状態だったはずであるが、家光の意向により早速のお目見えとなった。

この日の『江戸幕府日記』に、「申の刻、有馬表より三浦志摩守帰参。御前へ召し出され、彼の地落去の様子言上す」とある。三浦正次は三月九日の「申の刻」(午後四時ごろ)、江戸城に到着している。三浦正次が江戸に帰着すると、早速、土井利勝・酒井忠勝以下の幕府年寄衆が招集され、家光のもとで御前会議が開かれている。

御前会議に先だって、年寄衆は、三浦正次を囲んで御前会議にどのように臨むか、家光にどのような内容で「彼の地落去の様子」を報告するか、手短に事前の打ち合わせを行っていたはずである。三浦は原城在陣の諸大名から年寄衆などに宛てられた書状を預かっていた。

年寄衆は、三浦正次の報告を聞き、鍋島勝茂から土井利勝に宛てられた書状も披見し、最終的に鍋島家の働きを一番と評価し、鍋島家に将軍家光の特別表彰状を出す方向で家光に伺いを立てることを確認して、御前会議に臨んだものと思える。

即日決定された鍋島家の特別表彰

三浦正次の帰着は、幕府の原城評定を一変させた。三日前に通報されていた細川家の注進などは色あせ、原城攻略の突破口をこじ開けた鍋島勢の働きを称賛する気分が一気に広まった。

この日の『江戸幕府日記』の続きをみると、「有馬表へ太田備中守（資宗）、御使遣わさるべき旨、仰せ出さる」とある。三浦正次の帰着を受けて原城評定がもたれると、評定の場で出陣の諸大名に家光の「上意」を伝える上使として近臣の太田資宗を派遣することが決定されている。この太田が鍋島家への家光の特別表彰状を持参することになる。

鍋島家の家譜（正史）『勝茂公譜考補』に、寛永十五年三月十日付けで出された「一番乗りの奉書」とされる文書が掲げられている。これが、将軍家光からの特別表彰状である。文書自体はあとで示すことにするが、三月十日といえば、三浦正次の江戸帰着を受け、急遽開かれた御前会議の翌日である。

御前会議において、諸家のなかで群を抜いた働きをみせた鍋島家を称え、家光の承認を得て将軍の特別表彰状を贈ることが決定され、即座に発給の手はずが取られたことを物語る。特別表彰状を作る際の下敷きとなったのが、佐賀藩主鍋島勝茂が土井利勝に出した書状である。

原城戦争に際して、将軍家光から出陣の諸大名に対して格別の論功行賞は行われていない。鍋島家だけが特別の行賞を受けたことになる。そして土井利勝は、将軍家光の特別表彰につづいて、特別行賞にみあった処遇として、改易となる松倉家の島原藩領を鍋島家に加増する方向で動いている。鍋島勝茂の中央攻略は目論見どおりの成果をあげたことになる。

上使として九州に向かう太田資宗は三月十二日に江戸を立っている。この日に島原表から上使の村越正重が江戸に戻り、翌三月十三日には惣目付（大目付）の井上政重も帰着している。とくに井上は惣目付という大名監察にあたる職分からも、家光には独自の報告をし、鍋島家には軍法違反の恐れがあることを耳に入れた可能性もある。

しかし、幕府の原城評定はすでに決定している。鍋島家に対する家光の特別表彰の文書も出されている。井上政重の報告も抑制されたものになったであろう。またそれ以上に、鍋島家の評判が多少の雑音を打ち消したものと思える。

3　高まる鍋島家の評価

江戸表において鍋島家の働きを称賛する声は日増しに高まっていった。幕府最長老の土井利勝などは激賞し、鍋島家への島原藩領の加増に向けて動いていた。

幕府最長老の激賞

寛永十五年三月九日の夜、幕府の原城評定を主導したのは、島原表から帰着した若年寄の三浦正次と幕府最長老の土井利勝である。土井利勝が自分を頼ってきた鍋島勝茂のためにどのように動いたのか、家光側近の堀直寄が、鍋島勝茂に宛てた寛永十五年三月十四日付けの書状によく示されている。少し長いが現代文に直して示そう。

二月十二日の御返事の手紙、三月十四日に江戸で拝見しました。かたじけなく存じます。まず以って、二月二十七日、その表、落城の際の鍋島勢の御働き、諸手一番は隠れなきこと、三浦志摩守殿（正次）が江戸に戻られ、その旨、上様に伝えられました。去年以来、四度の戦い、何れも貴殿様の御家中の働きは比類なきことであり、御手柄は諸人がうわさしています。私としても喜んでおります。右の旨、三月十三日に土井大炊頭殿（利勝）に御会いしたおり、再三このことだけを御話しされていました。しからば当代において、貴殿様は秀でた御家中を御持ちで、珍重、これに勝ることはありません。島原も大形貴殿に御加増になるものと存じます。（後略）

三月十四日　　　　　　　　　　堀　丹後守《直寄》

鍋島信濃守《勝茂》様

貴報

土井利勝と堀直寄は親密な間柄にある。堀直寄の嫡男直次は土井利勝のむすめ婿にあたる。堀は、三月十四日に鍋島勝茂からの書状を受け取ると、その日のうちに返書を出している。鍋島氏側に一刻も早く伝えたい事情があったからである。堀直寄の書状で次の二点に注目したい。

まず、江戸に帰着した三浦正次が、将軍家光に報告した「上聞」の中味がある程度分かることである。堀直寄の書状によると、若年寄の三浦正次は、「その表、落城の際の鍋島勢の御働き、諸手一番は隠れなきことです」との旨を将軍家光に報告している。

前にふれたように、江戸にのぼる三浦正次には、出陣した諸大名から年寄衆などに宛てられた書状が託されていた。三浦は、数多い書状のなかで、土井利勝に宛てられた鍋島勝茂の書状をもとに将軍家光に報告している。

そして堀によると、土井利勝が鍋島勢の働きを激賞し、鍋島家に対し島原藩領が加増されそうだと堀直寄の耳に入れている。重大な情報である。

巻き返しをねらった土井利勝

鍋島家に対する将軍家光の特別表彰に向けて動いた中心人物は、幕府最長老の土井利勝である。土井が、鍋島勢の働きを高く評価していることは、先の堀直寄の書状によく示されている。激賞に近い。その部分を原文で示せば、「昨十三日に土井大炊頭殿へ参会仕り候刻、再三この事のみ御噂までに候」とある。土井が何度も何度も鍋島勢の働きをほめ称えた、というのである。年をとると、同じようなことを何度もくり返すらしい。本人にその自覚はない。はからずも土井の老いを感じる一文でもある。

将軍家光や年寄衆が、三浦正次の報告を受けて、鍋島勢の「御働き、諸手一番」と判断したのは、ある意味で当然ある。鍋島勢の軍事行動が、幕藩軍が城中になだれ込む突破口をつくり出し、城攻めを実質一日で終わらせている。こうした判断が御前会議メンバーの一致した見方であったとみてよい。

家光は、三月九日夜の原城評定において、鍋島勢の「御働き、諸手一番」との三浦正次の報告にうなずき、土井利勝ら年寄衆が申し出ている鍋島家の特別表彰を即座に承認している。

当時、土井利勝の政治的立場は微妙なものだった。土井利勝と酒井忠勝は、家光の父、秀忠時代以来の中央政界の大物であるが、家光と酒井忠勝が親密な関係にあるのに対し、土井利勝と家光の関係はギクシャクしていた。土井は家光に敬遠されていた。土井利勝と酒井忠勝の仲の悪さも深刻になっており、年寄衆の政務にも支障をきたすほどであった。

土井利勝は、島原の乱という重大事件に際して、原城攻略の最大の功労者が自分を頼ってきたことに内心期するものがあった。大げさにいえば、土井利勝は、原城戦争後の戦後経営に働きがいを見出していた。堀直寄が、三月十三日に城中で土井と会った時に、「くりかえし、鍋島勢の働きを口にした」という土井利勝の姿を思い浮かべると、この病気がちな老政治家の心象を推しはかることもできる。

土井利勝は、原城戦争後の九州統治策の一環として、鍋島氏への島原藩領の加増を考え、その実現に向けて動いていた。堀直寄は鍋島勝茂に、「島原も大形貴殿に御加増になるものと存じます」と知らせている。堀が城中で土井利勝と会ったのが三月十三日である。三月九日の原城評定後、土井利勝の主導する戦後政略が急速に動いていたことが想像される。

土井利勝は幕閣筆頭の政治家である。佐賀藩鍋島家に島原藩領を加増することの政治的意味を考えたうえで行動していたはずである。土井利勝は、島原半島全体を藩領とした外様大藩の佐賀藩と、長崎を軸にした九州統治の構想、外交構想を思い描いていたものと思える。

第四章　始まった知恵伊豆の政略

寛永十五年（一六三八）四月四日。この日、松平信綱は、上使の太田資宗の到着を受けて、原城戦争に出陣した幕府上使衆と諸藩の藩主・重臣を小倉に招集し、原城戦争関係者による現地での原城評定をもった。全ては、この日が始まりであった。

1　見過ごさなかった知恵伊豆

松平信綱という男が、原城戦争の指揮をとっていなかったら、また、この男が鍋島家の軍功に免じて抜け駆けという軍法違反に目をつぶっていたならば、原城戦争後の戦後政治史は大きく違ったものになっていたはずである。しかし、信綱は、鍋島家の軍法違反の軍事行動を見過ごさなかった。

甘くみていた鍋島家

鍋島家は、初発の対応を誤った。藩主鍋島勝茂が、原城戦争の終結と同時に機先を制して抜け駆けにいたった事情をあり体に松平信綱に説明しておけば、信綱が怒りを胸中で増幅させることはなかった。鉾を納めざるをえなかった。鍋島家は、松平信綱という男の気質を甘くみていたと思える。

機会はあった。松平信綱は、落城の翌日の寛永十五年三月一日、鍋島方に対し「先手の衆」を自分の陣営に寄こすように命じた。鍋島勢の先手、いわば抜け駆けの張本人の部隊から事情聴取している。当時、落人探しの最中であった鍋島勢は、重臣の鍋島茂賢と鍋島長昭を信綱のもとに送っている。

ところが両人は信じがたい態度をとっている。信綱の尋問に、「二十七日のことは、我々は然かとは知らない」と答えているのである。鍋島方は「然かとは知らない」ような人物を寄こしたのか。二ヵ月近くも陣場をともにしていながら、鍋島勝茂や藩重役たちは、松平信綱という人物の気質を見抜いていなかったのであろうか。

鍋島家は初発の対応を誤った。この時点でしっかりした受け答えをしておくべきだった。呼出しを受けた時点で二の丸方面での実状をふまえた説明をしていれば、このあとの軍法違反の問題は起きていまい。

実は、松平信綱による尋問の際には、軍目付の榊原職直もついてきていた。現役の長崎奉行である。この男の責任も重い。大名勢が軍法にのっとった規律ある軍事行動をとるように監督・指導するのが軍目付の役目である。信綱が、前任の幕府上使である板倉重昌の討死をふまえて、幕府の役人を九州の外様大名の監督役として配置したものである。

鍋島勢の軍目付として配置されている榊原職直も責任は免れない。長崎奉行の榊原職直は、将軍家光の覚えめでたい信綱のことを熟知していたはずである。いな、熟知しているだけに、口をつぐんだのかも知れない。

幕府上使衆も、諸大名も原城に子息を連れてきていた。信綱もせがれ輝綱をともなっていた。大坂の陣以来、もはや戦陣はあるまいと思っていたところ、戦陣が現実のものとなったのである。またとない子息たちの実戦体験の場、軍功を立てさせる機会となった。

榊原職直もせがれ職信を連れてきていた。できれば、職信に軍功をあげさせたい。親心である。鍋島家も榊原の依頼で軍目付のせがれを先手の最前線に配置した。榊原職信の手勢が鍋島勢の抜け駆けを先導していたのが実状である。榊原職直が松平信綱を前にして口をつぐんだのは、そういう事情があった。

鍋島方としては、曖昧な対応でその場を言い逃れる腹だったのであろう。軍目付に責任を負わすわけにはいかない。鍋島茂賢と鍋島長昭は信綱に一喝されてはいまい。何事もなく帰されたものと思える。緊張した榊原職直の表情が見えるようである。

信綱の態度をみて、ようやく鍋島側も対応した。鍋島側は、今度は打って変わり二月二十七日の軍事行動に直接関わった大木兵部・中野内匠ら六人を信綱のもとに送り、鍋島家の政務の最高責任者である家老の多久茂辰以下の重臣が立ち会った

六人とは先手の指揮者である大木兵部・中野内匠と、鍋島勢の城攻めで抜群の軍功とされた四人である。「二の土手」（出丸と二の丸の間の土手）一番乗りの石井弥七左衛門と石井伝右衛門、二の丸で一揆勢の家に一番に火をつけた石熊五郎左衛門、二番目に火をつけた田代四郎左衛門の四人である。石井弥七

左衛門は本丸一番乗りも果たしているダントツの軍功の家臣である。松平信綱という男の厳しい表情に接し、今度は軍功のベストメンバーを信綱のもとに送っている。

鍋島勢の軍事行動を吟味するうえで最大のポイントになるのが、鍋島方でいう二の土手である。土手とは一揆勢によって築かれた土塁のことである。この土塁や、土手の上に築かれた船板の塀が、これまで幕藩軍による城中への進攻を防いでいた。原城の二の丸とその出丸には、出丸の城ぎわに一の土手、出丸から二の丸に入る境目付近に二の土手が一揆勢によって構築されていた。

鍋島家の言い分によると、当初の鍋島方の軍事行動の目的は、明日の総攻撃のために出丸の一の土手を占拠し、楯・竹束などで防御用の陣地を設けることであった。一の土手にとどまっていれば何の問題もなかった。しかし、一旦開始された軍事行動を抑制することはむつかしい。鍋島勢の先手は一の土手から二の土手に向かい、さらに二の土手を乗り越えようとして二の丸の一揆勢と交戦し、一揆勢を追って原城の二の丸に進撃した。二の丸に攻め入ったことが城中「一番乗り」の主張となり、同時に抜け駆けではないかと疑いをもたれることにもなった。

石井弥七左衛門と石井伝右衛門の「二の土手一番乗り」は、鍋島家中の最高の軍功である。二の丸の一揆勢の小屋を焼き払った火の手は、折からの北風で城中に飛び火しており、鍋島勢が本丸まで攻めたと主張する軍事行動の積極さを裏づける働きとなった。

鍋島家は、皮肉にも自らの抜け駆けを証拠だてるような軍功の家臣を松平信綱のもとに送ってきていたことになる。筆頭家老の多久茂辰以下の重臣が立ち会っており、鍋島側もそれなりの緊張感をもって聴取に応じているが、まさか先手の軍事行動が多少のお叱りを受けても、抜け駆けとして糾弾されるとは思っていなかったのではないか。軍功の家臣も得意気に状況を語っていたであろう。しかし、後年、知恵伊豆と言われた男である。先手の聴取を通じて鍋島勢の軍事行動の実相をつかみ取っていたものと思える。

大名側も問題にしていた抜け駆け

鍋島勢の抜け駆けは、大名側も早くから問題にしていた。たとえば、熊本藩主の細川忠利が春日局や柳生宗矩などに宛てた寛永十五年三月はじめの書状を見ると、原城落城直後から大名の間では鍋島勢の抜け駆けが取沙汰されていたことが分かる。

細川忠利によると、総攻撃を前にして幕府上使の松平信綱・戸田氏鉄と藩主たちとの間で、「抜け駆けはしない。違反したら改易とする」との誓約が取り交わされていた。なによりも将軍家光が、上意をもって抜け駆けを堅く禁じていた。抜け駆けは、万全に準備してきた原城攻略の失敗につながり、手負い・死人も増えるからでもある。現に、前任の幕府上使である板倉重昌の時、久留米藩有馬勢が抜け駆けをしたことで、幕藩軍は大敗し、前線に取り残された板倉を討死させている。

細川忠利は言う。「伊豆殿（松平信綱）、左門殿（戸田氏鉄）は、抜け駆けはしないとの約束に背けば、上様に申し上げ、きっと改易を申し渡すとの確認をしていた。このように厳しい軍法は、鍋島も千万存じていたであろうに」と、鍋島勢の軍事行動をいぶかり、誓約に背いた以上、鍋島家のお咎めはやむを得ないとの認識を示している。

細川忠利の説明を聞くと、松平信綱が個人的感情でつむじを曲げ、鍋島憎しで動いているわけではないことが分かる。抜け駆けは、将軍家光の上意に違背する行動であり、戦場での誓約に違反する軍事行動であった。信綱は、江戸帰着後、鍋島家の転封を画策するが、「抜け駆けをすれば改易にする」と誓約していた以上、鍋島勢の軍事行動は改易に処せられても申し開きできない軍法違反であった。

細川忠利も、「違反すれば改易になるかも知れないのに、なぜ、鍋島は抜け駆けをしたのか」と疑問を呈している。松平信綱は、原城攻略に政治生命をかけ、これにしくじれば身を退くことも考えていた。そんな信綱が、これまで慎重に進めてきた城攻めの手立てを無にしかねない抜け駆けを許すはずはなかった。

高まる信綱の人物評価

原城戦争がなかったならば、後年、「知恵伊豆」と呼ばれた政治家は名を残してはいまい。戦場において十三万規模の幕藩軍を率いたことで生身の存在力を将士の間に植え付け、軍法違反を曖昧に韜晦させず、毅然として糾弾していった信念が新鮮な政治力を感じさせた。

松平信綱は、細川忠利に対し、「原城攻略をしそこなえば二度と江戸には下らない。先手の軍勢が崩れたならば、手負いになろうとも軍勢を引きはしない」と、城攻めにかける信念を述べている。それゆえ「軍法を破るものは絶対に許さない」と明言している。

軍法を違反したものがいれば、上様に何度も申し上げ、上様が「御法度」（裁判）にかけられないようならば、さらに申し上げ、必ずや公儀の裁きを受けさせる、と語っている。軍法を破るものには、「この伊豆が相手になってやる」。この男は本気である。

折も折である。原城落城直後、鍋島勢が、山狩りで見つけた落人を「隠し船」で連れ去ろうとしていた。細川勢に見つかり、信綱に通報されている。この鍋島勢の行為を落人救済的な見方も見かけるが、的外れである。これは戦場での人間かどわかし、乱取りである。戦国時代には戦場の稼ぎとして横行し、大坂の陣までつづいた。乱取りが、まさか上様（将軍家光）の時代に起るとは。「また、鍋島か」というのが、信綱の実感であったろう。

鍋島勢の行儀の悪さには、前任の板倉重昌も眉をひそめていた。松平信綱には、鍋島勢の末端まで軍事規律が徹底されていない状態が、先手による抜け駆けも起こしているとの思いを強めたものと思える。

寛永十五年三月上旬、一揆勢の掃討も一段落した時期、信綱の胸中には、「鍋島には、必ず公儀の裁きを受けさせる」との腹が固まっていた。「一揆の城」の攻略に強い決意で臨み、「軍勢を損ねないようにせよ」という家光の命令を守って慎重に攻略を進め、幕藩軍の一斉攻撃で原城制圧をめざしていた松平信綱が、鍋島勢の抜け駆けを不問に付すわけはなかった。

2　松平信綱の一喝

松平信綱は、上使として派遣された太田資宗から、鍋島勝茂に将軍家光の特別表彰状が渡されたことを聞いた。

頭の回る男である。鍋島家には公儀の裁きを受けさせる。同時に、江戸の長老たちにも上様に軍法違反の鍋島家に特別表彰状を出させた政治責任をとっていただく。鍋島家の軍法違反問題は、知恵伊豆が戦後の中央政界に大ナタを振るう大義名分を与えたことになる。

渡された鍋島家の特別表彰状

寛永十五年三月十二日、上使の太田資宗は九州に向け江戸を立った。幕府の原城評定を受け、出陣諸大名に対する将軍家光の上意と、例の鍋島氏に宛てられた特別表彰状を携えて松平信綱・戸田氏銕のもとに向かっている。三月二十日に小倉に到着した太田は、西九州巡回中の松平信綱に会うべく肥前の長崎に向かった。

佐賀藩主鍋島勝茂は肥前の寺井（現・佐賀県佐賀郡諸富町寺井津）で太田資宗を出迎えている。太田から渡されたのが鍋島家に対する将軍家光の特別表彰状である。鍋島家の家譜『勝茂公譜考補』には、「御内書は、備中守殿（太田資宗）が当領寺井を通られる際に勝茂公と出会われ、面談のうえで直に相渡され、頂戴した」と記されている。

家譜では、将軍家光の特別表彰状が「御内書」ともされている。「御内書」とは将軍の手紙のことである。家譜の編纂者にとって将軍家光の特別表彰の文書は、「一番乗りの奉書」とも、家光から頂戴した手紙、「御内書」とも解されていた。

藩主勝茂の身に何事も起らなかったならば、鍋島家の家譜には将軍から特別表彰の手紙を頂戴したよろこびと、鍋島勢の働きについての自賛の記述がつづいていたはずである。『勝茂公譜考補』は天保十四年（一八四三）に完成している。この時点までは将軍家光の特別表彰状は鍋島家に伝えられていた。鍋島家の文書類は明治初年の佐賀の役で焼失しており、残念ながら現存していない。

鍋島家の特別表彰状については、このあとで説明するが、本文には、「二月二十七日、賊徒が籠った古城（原城）の二の丸の出丸を乗っ取り、（原城落城に導いた鍋島勢の働きを）家光の上聞に達したところ、上様も御機嫌に思われている」とある。藩主勝茂の喜びはいかばかりだったか。鍋島勝茂の宿願が達せられたのである。勝茂は早速鍋島勢の軍目付だった榊原職直に知らせている。

榊原も返書を送り、「結構なるご上使、ご満足に思われていることと存じます」と勝茂を祝福している。勝茂の喜びは榊原職直の満足でもあった。榊原は、鍋島勢の二の丸への乗り込みが、せがれ職信の一番乗りを契機にしたものであると自認しているからである。

そして榊原職直は、上使の松平信綱・戸田氏鉄と太田資宗が三月晦日に小倉に向かい、原城攻めに出陣した諸大名も小倉に招集される予定であると知らせている。鍋島勝茂も榊原職直も、この小倉において自らの命運が暗転するとは知るよしもなかった。

平戸オランダ商館の松平信綱

幕府上使の松平信綱と戸田氏鉄は、原城制圧後の戦後処理を終えると、寛永十五年三月九日、原城を船出し、島原を経由して天草に向かった。天草の上津浦、栖本、河内浦（以上、現・天草市）、富岡（現・熊本県天草郡苓北町）を廻り、三月十六日、富岡を立って長崎に向かい、三月二十五日、長崎を立って平戸に向かっている。

松平信綱は、長崎滞在中の三月二十二日、訪ねてきた上使の太田資宗と会っている。重要な出会いである。信綱は太田から江戸表の状況を詳しく聞いている。太田は、鍋島勝茂に対して原城攻略の働きを称えた将軍家光の特別表彰状が出されたこと、その表彰状を長崎に向かう途中で藩主勝茂に手渡したこと、土井利勝が鍋島家に島原藩領を加増するよう動いていることなどを語ったはずである。

松平信綱は、太田資宗の話しを聞きながら、心中期すものがあったと思える。後年、知恵伊豆と呼ばれた男である。江戸に帰参したあとの政治行動が胸中で明確化されていたはずである。

松平信綱は長崎に九日間、平戸に五日間滞在している。長崎と平戸に長期滞在していることが重要である。信綱は、長崎では出島を見分している。見分したというより、出島に出向き、原城から廻送させた天草四郎らの首を出島の前方に晒したとされている。恐るべき光景といえる。このあと幕閣のトップにのぼる人物が、ポルトガル人の居住区に向けキリシタン一揆の総大将の首を晒しているのである。出島のポルトガル商館に対する幕府閣僚としての意思表示とみてよい。

松平信綱一行は、三月二十五日に長崎を立って平戸のオランダ商館に向かっている。当時、商館長のニコラス・クーケバッケルは商館を留守にしていた。クーケバッケルは、信綱の要請を受けて原城への砲撃に参加したあと、江戸に上り、平戸に戻る途中で信綱一行が平戸のオランダ商館を訪れたとの手紙を受け取っている。寛永十五年四月二十三日（一六三八年六月五日）の日記には次のように書かれている。

去る五月一日から六日まで閣老伊豆殿（松平信綱）、左門殿（戸田氏鉄）、代官（末次）平蔵殿と共に長崎から大行列で到着し、非常な名誉を以て迎えられた。その翌日、我々がどちらを向いてよいかわからない程の大勢の人が、会社の住居と、倉庫を上から下まで検査に来た。丁度一時間プレシデント（商館長）の部屋に坐り、この間スペイン酒、葡萄酒、バタビアの蒸溜酒、各種果物の砂糖漬等でもてなした後、彼等は帰った。彼等が五日間平戸にいた間に、代官平蔵殿は伊豆殿の息子（松平輝綱）と共に尚二回、海に面したプレシデントの部屋に気晴しに来て、数時間坐り、その間いろいろな酒肴のもてなしを受けた。

商館長の日記全体から関係強化に向かっている日本とオランダの前途をうかがわせる。長崎の出島の前に一揆勢の首を晒させた信綱の意図からは、もはやポルトガルとの関係を継続させる可能性は失せている。信綱の配下役人が「会社の住居と、倉庫を上から下まで検査に来た」とのくだりは、すでに幕府閣僚の間でポルトガルとの断交が口にされるなかで、幕府の外交の相手国となるオランダを知ろうとする「検査」であったことを感じさせる。

クーケバッケルは、同日の日記を次のように結んでいる。「これらの人々は小倉に向かった。ここで多数の領主たちの会議があり、有馬・天草の件についての公表があるはずである」。

運命の小倉会合

松平信綱以下の幕府上使衆は、寛永十五年三月三十日に平戸を立って、四月三日、小倉に到着した。翌四月四日、小倉において上使衆と諸大名とが一同に会した会合が開かれている。

寛永十五年四月四日。この日は、島原の乱後の戦後政治史のうえで重要な一日となる。この日はまた、知恵伊豆の政治力を見せつける政治舞台ともなった。

場所は前小倉藩主の熊本藩細川氏ゆかりの開善寺である。藩主たちは家老以下の重臣をともなって列席しており、総人数は二百人を下らなかったはずである。まさに小倉の大会合、オランダ商館長のいう

「多数の領主たちの会議」である。

上使衆から二つ申し渡しがなされた。出陣した諸大名に対する将軍家光の上意の申し渡し、そして島原藩主松倉勝家・右近父子、唐津藩主寺沢堅高に対する処分の申し渡しである。松倉氏は改易、身柄は他家に御預けとなり、寺沢氏は天草領を没収された。

上使の太田資宗は藩主たちに将軍家光の上意を伝えている。細川忠利の書状によると、将軍家光の上意は、「今度有馬において昼夜骨を折り、苦労に思う」「今度有馬にて何も精を出し、早々に一揆制圧を済まし、満足に思う」というものである。

太田は、鍋島氏に対しても上意を伝えている。鍋島勝茂の書状によると、「各藩主と同様に御懇ろの上意の段」が示され、さらには勝茂嫡男（庶嫡男）で小城藩主の鍋島元茂、鍋島家世子（勝茂五男）の鍋島直澄に対しても、ねぎらいの言葉があった。松平信綱も、二月十一日の一揆勢夜襲の際の鍋島勢の家老たちの骨折りをねぎらっている。

太田資宗による上意の申し渡しがあり、松平信綱も鍋島氏に言葉をかけている。何事もなさそうである。諸藩の藩主や家老たちは、これで会合も終わったものと思い帰ろうとして立ち上がった。松平信綱が、これを制して一同を座らせた。間を心得た男である。

信綱の嫡男、松平輝綱の従軍日記『嶋原天草日記』に、「諸将が退散しようとした時、伊豆守、これを制して口を開いた」とある。信綱が、すわり直した居並ぶ藩主たちを前に声を発した。鍋島勝茂のこわばった表情が想像される。細川忠利は、その時のもようを、江戸にいる父忠興に宛てた寛永十五年四月十二日付けの書状で次のように申し送っている。

鍋島（勝茂）の事、伊豆殿（松平信綱）が、満座の中にて申し渡されたのは、この度、二十八日の城攻めに決まっていたところに、鍋島勢は軍法を違え、にわかに二十七日の城攻めとなった。諸勢が油断なく攻めたので、残らず城を乗りくづすことができた。だが、鍋島勢が軍法を違えたことは、この伊豆が必ず上様に言上する（言上して鍋島勝茂を公儀の裁きにかける）。申し分があれば、その時申されよ、と申された。鍋島殿は、ことのほか困り果て、迷惑がっていた。

松平信綱が、藩主とその重臣たちが居並ぶ「満座」のなかで切り出している。「やはり、この男は見逃してはくれなかった」。鍋島勝茂の偽らざる心情であったろう。信綱は、二月二十七日の鍋島勢の軍事行動を「軍法を違えた」と言い切っている。

鍋島勢が軍法を違えてにわかの城攻めとなったが、「諸勢が油断なく攻めたので、残らず城を乗り崩すことができた」というところに、幕藩軍の総責任者としての怒りが出ている。「鍋島家では鍋島勢単独の城攻めだと吹聴しているようだが、ほかの軍勢が油断なく攻め込んだから、原城が攻略できた。はき違えるな」、こういう怒りであろう。

そして信綱は、「鍋島勢が軍法を違えたことは、この伊豆が必ず上様に言上する。申し分があれば、その時（裁きの場で）申されよ」と宣告している。小倉会合の直前に、鍋島勝茂は将軍家光の特別表彰状を受け取っている。その勝茂に軍法裁判への召喚を命じているのである。

幕府に軍法法廷を設け、鍋島勢の軍事行動を裁判することなど何も決まっていない。それどころか幕府は、鍋島家に軍功を称えた将軍家光の特別表彰状を出している。幕府の原城評定は公式に確定している。江戸の長老たちに軍法違反を持ち込んでも、並みの人物なら青臭い行動だと一蹴され、申し入れは握りつぶされるのが関の山である。

しかし、この男には確固たる信念と自信がうかがえる。満座の藩主たちも、「伊豆ならやるだろう」と思ったであろう。「申し分があるならば、その時申されよ」。凄みのある発言である。

信綱の一喝

小倉の大会合の場には、松平信綱の嫡男、松平輝綱もいた。父親の言動をつぶさに見ている。松平輝綱の従軍日記『嶋原天草日記』によると、信綱は、鍋島勝茂に渡された将軍家光の特別表彰状の存在を意識した申し渡しを行っている。

同書は漢文体で書かれており、現代文に直して示すと、輝綱は、「有馬の城、たとえ一手を以てこれを落としたとしても、軍法を犯していれば、信綱、裁判にかけること、予め通告しておく」と書かれている。

「有馬の城、たとえ一手を以てこれを落としたとしても」との文句は、明らかに鍋島家に渡された特別表彰状の文句を意識にした言い回しである。表彰状の文面は太田資宗から聞いていた。「たとえ、御身が上様から特別表彰状を頂いているような働きをしたとしても、軍法を犯していれば、裁きを受けなければいけない」。信綱は、あくまで軍法違反を理由に、鍋島勝茂に公儀の裁きへの召喚を命じている。同時に、信綱の怒りのほこ先は、軍法違反の鍋島家に特別表彰がなされたことに向けられている。

信綱は、鍋島勝茂に投げつけたセリフを長崎でも吐いている。オランダ商館長のニコラス・クーケバッケルの日記に記された、信綱が長崎奉行の榊原職直に言い放ったというセリフである。

「飛騨よ。貴下が今まで行ったよい働きを、私が江戸に帰ったら皇帝（将軍）に伝えるであろう」。「よい働き」とは、原城における城攻めの軍事行動のことである。「よい働き」という言葉に信綱の怒りが示されている。「飛騨よ」。何ともすご味のあるセリフではないか。松平信綱は、確かに九州に下って格段に政治的存在力を飛躍させている。

それにしても、大藩の藩主が満座のなかで罵倒に近い言葉をあびせられている。そうそうあるものではない。しかも、鍋島勝茂は多久茂辰以下の重臣たちを連れてきている。家臣たちの手前、勝茂の立つ瀬もなかったであろう。熊本藩主の細川忠利は、その時の勝茂の表情を「ことのほか困り果て、迷惑がっていた」と書いている。

鍋島勝茂としても、松平信綱の発言を予期していなかったわけではあるまい。榊原職直から知らせも受けていたであろう。「それにしても、上様から特別表彰状まで頂いたこの身が、なんで満座のなかで、このような言葉を浴びせられなければならないのか」、という怒りにも似た驚愕を感じる。「迷惑がり候」とは、そうした感情を押し殺したつくろいが感じられる。

細川忠利は、今後の成り行きについて、「（寛永十五年）二月二十四日の申し合わせで、一揆勢が城から討って出ようとも、応戦・城乗りを一手で行うことは上使から堅く禁じられていた。鍋島も知らなかったではすむまい。上使衆が江戸に下られる時に鍋島も下ることになろう。国元に居ての申し開きはできない。どういうことになるのだろうか」と、鍋島氏の先行きを憂慮している。「二月二十四日の申し合わせ」とは、松平信綱が出陣諸藩の藩主・家老、軍目付らを集めて、総攻撃の日程、軍法を取り決め、藩主に誓約させたものである。「抜け駆けすれば、改易に処す」という誓約がなされていた。

細川忠利の父、八代城主の細川忠興は、「鍋島が国元に居ながら申し開きをすることは、叛乱にあたる」と評している。「叛乱」。鍋島家の軍法違反は、大変な政治問題になりつつあった。

3　松平信綱という男の凄み

佐賀藩主鍋島勝茂は、松平信綱のすさまじい怒りにふれた。その後の藩主勝茂はひたすら平身低頭し、恭順と謝罪に努めている。知恵伊豆の怒り如何によっては、鍋島家が危ない。突如、大名家の存続の危機に見舞われた鍋島勝茂の苦悩と行動、屹立する松平信綱の存在を追ってみよう。

玄関払いされた鍋島勝茂

松平信綱という男の凄みは感じるのは、小倉会合のあとである。すがる思いで訪ねてきた鍋島勝茂を玄関払いしているのである。

鍋島勝茂は、予想以上の松平信綱の厳しい申し渡しに驚き、会合の終了後、信綱の宿所を訪れている。勝茂は、のちの書状で「伺候」と表現している。へりくだった表現のなかに、降ってわいた災難と松平信綱の断固たる姿勢に対する勝茂のたじろぎを感じる。

何しろ十日ほど前に、将軍家光の特別表彰状をもらったばかりである。ところが、将軍が称えた抜群の働きが一転して公儀の裁きにかけられるというのである。松平信綱は小倉町人の木屋善加の屋敷を宿所としていた。勝茂は信綱の宿所に伺候した。松平信綱の嫡男、輝綱の従軍日記『嶋原天草日記』には次のように書かれている。

鍋島勝茂は、即刻、伊豆守の旅宿に到った。信綱の家人小沢仁右衛門を頼んで申し入れた。ただ今、申し渡されたる所、御鬱憤のこと、誠に当然至極の至りであり、恐縮に堪えません。然れども私は軍法に背いたのではない。目付の榊原職直がなしたことです。長崎に連絡をとり、榊原の証文をもらい受け、伊豆殿に呈示して釈明します。

多少大仰な文章であるが、ほぼ事実とみてよい。信綱は応対をしていない。これも凄みのある態度である。大藩の藩主がすがるような思いで宿所を訪ねているのに、会おうともしていない。家臣に応対させている。信綱の冷徹な政治力を感じる。

確かに会えば大変である。松平輝綱の文章の感じでは、鍋島勝茂に泣きつかれることは必至である。勝茂に応対しているのは、信綱の家臣、小沢仁右衛門である。松平輝綱も応対に出たのかも知れない。佐賀藩の藩主ともあろうものが、幕閣の一介の家臣に泣きつかんばかりである。何とも憐れな場面ではないか。

勝茂は小沢仁右衛門に次のように訴えている。「御怒りは当然です。しかし、自身は軍令に背いてはおりません。このように仕向けたのは榊原職直です。長崎に連絡して必ず榊原から証文を出させます」。長崎奉行の榊原職直が悪者とされている。この弁明も褒められたものではない。鍋島勢の抜け駆けをなかば認め、その責任を軍目付だった榊原職直になすりつけ、榊原に一筆書かせて釈明しようとしている。気持ちが動顚しているのか、鍋島勝茂は本音を口走った格好である。

結局、鍋島勝茂は松平信綱に会えずじまいだった。玄関払いである。「一国の藩主たるものが、自らが判断した軍事行動に責任を持て。抜け駆けを恥じない。だから上様からも特別表彰の文書を拝領している。そう思うなら、江戸で堂々と申し開きをいたせ」。そういう信綱の言葉が宿所の奥から聞こえてきそうである。信綱は、玄関先で家臣にあしらわせ、鍋島家に対する自身の断固たる意志を見せつけた。大藩の藩主として屈辱的な場面である。「おのれ、伊豆」という怒りが、鍋島勝茂の胸中に沸いていたはずである。

八代城主の細川忠興は、鍋島勝茂の心情に同情しつつ、「鍋島が意地を立て、国元に居ながら申し開きをすることは、叛乱にあたる」と観測しているが、鍋島勝茂には、とても「叛乱」覚悟で断固、江戸召喚にあらがうような気持などはなさそうである。「鍋島には、この伊豆にあらがう気持ちなどない」。信綱は、そのように得心したものと思える。

弁明の手紙

鍋島勝茂は、小倉において松平信綱に会おうとしても、会ってもらえなかったことから、すぐに信綱に宛て弁明の書状を送っている。もはや鍋島家を守るためには、なりふりを構っていられない、という心境である。

勝茂は、「有馬では、目付として飛騨守殿（榊原職直）が鍋島の先手と一緒に行動され、飛騨殿から上使の御両所（松平信綱・戸田氏鉄）には、よく事情を申し入れておくと請け合われたので安心しておりました」と、松平信綱のもとに、いまだ申し開きをしていない事情を釈明している。思えば、初発の対応がまずかった。原城落城から二日目、松平信綱から事情聴取があった際に、二月二十七日の軍事行動の実情をしっかりと説明しておく必要があった。

それもこれも、藩主勝茂が、あまりに鍋島勢単独で城中に攻め入ることに固執したためである。恐らく藩主勝茂は、当初、鍋島勢は抜群の働きをしており、適当に詫びを入れておけば、軍功に免じて、そのうち伊豆殿も見逃してくれるだろう、ぐらいに考えていたものと思える、だから信綱の事情聴取に送られた重臣は、「二十七日のことは、我々はよく知らない」といった信じがたい返事をしている。

信綱としては、「いまさら、何を言うのか」という気持ちであった。鍋島勝茂からの弁明の手紙に、松平信綱は返事を出している。信綱の書状は短い。持って回ったような返事は書かない。返事では、「飛騨（榊原職直）からは何とも言ってきていない」と鍋島勝茂を突き放している。信綱からの書状を受け取った鍋島勝茂の悲痛な表情が見えるようである。

そこで鍋島勝茂は、鍋島勢の軍目付であった長崎奉行の榊原職直に、「何とかしていただきたい」と泣きついている。勝茂は、「如何千万、御心元なく存じ候」と、不安な気持ちを榊原職直に訴え、「必ず御両所の納得が得られるように、文章を整えて、今度こそ確かに釈明していただきたい」、と申し入れている。「御両所」とは、幕府上使の松平信綱と戸田氏鉄のことである。

小倉会合の日、藩主勝茂は松平信綱の宿所を訪れ、玄関先であしらわれ、玄関先で、「このように仕向けたのは榊原職直です。長崎に連絡して必ず榊原から証文を出させます」と訴えているが、この「榊原の証文」こそ、榊原職直に書いてもらうよう訴えた釈明書のことである。ともかく、やれることはやる。思い詰めた鍋島勝茂の心境である。

屈辱の起請文

鍋島勝茂は、榊原職直ともども松平信綱に起請文まで出している。起請文というのは、要は、「もう二度と軍法に違反するようなことはしません。神にかけて誓います」という趣旨の誓約書である。軍法違反を認めた、幕府上使に対する詫び状といってよい。信綱の事績録『事語継志録』にも、「鍋島殿・榊原等は、霊社の起請文を捧げて、その過失を陳謝したまう」とある。霊社とは、神にかけて誓う際に列記された神社のことである。

大名家としては、きわめて屈辱的な起請文である。徳川の世にこの類いの起請文は異例である。鍋島家の家譜『勝茂公譜考補』は、断固、起請文の提出を拒否したという記述をしている。そうであろう。後年、武士道の書として知られる『葉隠』を生んだ家である。なぜ戦陣で多大な軍功を立てた大名家が、お詫びの証文などを書かなければいけないのか。

『勝茂公譜考補』によると、小倉での会合があった四月四日の夜、熊本藩主の細川忠利が勝茂の宿所を訪ね、起請文を出すように説得したことになっている。二人は人払いをして話し込んでいる。忠利は、「伊豆殿（松平信綱）は、鍋島家が上使の軍令を破って先駆けしたことを重くとらえている。鍋島家にとって状況はよくない。もし上様の耳に入って悪い結果になれば身上もあぶない」と忠告し、自分が伊豆殿との間を取り持つので、「今後上使の軍法を違え、先駆けしない旨の誓約を書いてくれないか」、と勝茂を説得している。

勝茂は、起請文を出すことを勧めてくれた細川忠利の懇情に感謝しつつ、中座して奥に控えていた重臣たちと話し合った。控えていたのは、筆頭家老の多久茂辰以下、鍋島豊前・鍋島市佑・鍋島伝兵衛・

中野内匠・中野兵右衛門・大木兵部・土山五郎兵衛などの重臣たちである。「卒爾ながら」と鍋島市佑が発言した。

　起請文を書くという方策は適切ではないと思う。たとえ「国家」が大事になろうとも、細川殿の提案に任せず、今回の「一番乗りの儀」をあり体に申し上げ、「地盤」を固め、「国家」は崩れても構わないとの覚悟こそ肝要ではないか。

「国家」とか「地盤」とか、何を大仰な、という発言である。発言の趣旨は、「細川殿のご懇情に従って起請文を書けば、今回のわれわれの行動の非を認めることであり、そうなれば『国家』は助かっても、鍋島家の『地盤』が崩れる」というものである。

　この場合の「国家」とは佐賀藩という領地、鍋島家という大名家のことであろうが、それよりも鍋島家の「地盤」が大事だという。鍋島家の「地盤」とは、鍋島家の主従関係、藩主勝茂をいただいた家の秩序ということである。大仰な発言の裏には、鍋島家の特異な成り立ちが関係している。同家の成り立ちは屈折している。後年の「鍋島ばけ猫騒動」の背景に通じている。

　鍋島家は、勝茂の父、藩祖直茂の時代、主家であった龍造寺家を無力化し、これを抹消して鍋島家につくり変えた大名家であった。龍造寺家の抹消も徹底している。龍造寺家の血筋、家名、門地の全てを抹消している。鍋島家は簡単にいえば、旧龍造寺家を土台に鍋島家がつくらていた。当主の座に鍋島直茂・勝茂がすわり、龍造寺系の家臣たちとの間できわどい主従関係をつくり上げてきた。

　鍋島市佑はこうした鍋島家のなりたちを「地盤」と称した。「いま、鍋島勢先手の積極的な亘亨行動を、上使の指弾に屈して誤りと認めてしまうと鍋島家の主従関係がくずれる」、と鍋島市佑は力説するのである。

今一つ、鍋島市佑の発言の背景には、「どうせ、この難癖は松平伊豆が仕組んだものだ」という意識が濃厚にあった。そう考えるのも無理はない。江戸から上使として太田資宗がやって来た。将軍周辺は鍋島勢の軍事行動を最大級に称えた。島原藩領が加増されるとの取沙汰もある。ところが小倉での会合において、全てがひっくり返ってしまった。軍法違反の罪で殿様を公儀の軍法法廷に引き出すというのである。誰がこういう事態をつくり出したのか。松平信綱ではないか。「その故は伊豆守殿、公（勝茂）と御不和なり」、と『勝茂公譜考補』は書いている。

以上、長々と鍋島家の家譜『勝茂公譜考補』の記事を説明してきたが、起請文についての実情は全く逆である。熊本藩主の細川忠利が、鍋島勝茂に起請文を出すように勧めた経緯はない。実際には、勝茂の方が忠利に起請文の提出について相談している。細川忠利が勝茂に宛てた寛永十五年四月十日付けの返書によると、勝茂が、起請文を出すべきかどうか松平信綱に伺いを立てたところ、信綱は何とも答えなかったという。勝茂の返書によれば、信綱は「御尤もとも、御無用とも」答えなかった。そこで勝茂は忠利に相談している。

細川忠利は、勝茂に対し榊原職直とよく話し合うことを勧め、松平信綱と戸田氏銕に起請文を出すことは悪いことではない、として出すことを勧めている。そして実際、鍋島勝茂は、榊原職直ともども起請文を出している。この起請文は残されていない。信綱は、死去に臨んで嫡男の輝綱に有馬関係の文書類を焼かせており、この起請文も焼却されたものであろう。

鍋島家の歴史にとって、この起請文は屈辱だった。そこで『勝茂公譜考補』では、熊本藩主細川忠利に提出を勧められたが、起請文を出さなかったとの記述になっている。『葉隠』になると、抜け駆けという原城攻めの軍事行動自体に口をつぐんでいる。

長崎奉行榊原職直の釈明状

佐賀藩主鍋島勝茂にとって、最後の切り札は、鍋島勢の軍目付であった長崎奉行榊原職直による釈明であった。なにしろ、小倉の松平信綱の宿所の玄関先で、「御怒りは当然です。しかし、自身は軍令に背いてはおりません。このように仕向けたのは榊原職直です。長崎に連絡して必ず榊原から証文を出させます」と叫んでいる。なりふり構わず、軍目付の榊原職直を悪者に仕立てている。ここは、榊原職直に釈明してもらわねばならない。

鍋島勝茂と榊原職直との間でかわされた書状のやりとり、両者から松平信綱に宛てた釈明の書状の控え・下書きがまとまって残されている。筆者は、ごく最近、偶然にも書状類の控え・下書きの原物を見る機会を得た。原物の持つなまなましさに息をのんだ。この書状類をまとめて見ていると、佐賀藩主鍋島勝茂と長崎奉行の榊原職直が、隠然たる存在になりつつある松平信綱に必死で釈明に努めている姿をありありと想像できた。

鍋島勝茂と榊原職直は相互の書状のやりとりを経て、鍋島勝茂が寛永十五年四月十一日付けで、榊原職直が同年四月十四日付けで松平信綱のもとに釈明の書状を出している。

まず、鍋島勝茂が信綱に宛てた釈明の書状は、四月四日の小倉での会合において、松平信綱から「二十七日のこと」（抜け駆け）について、「お手前から何の御断りもない」との叱責を受け、改めて説明のために重臣の鍋島茂賢・鍋島長昭を送りたいと申し入れ、信綱が了承したことへの礼状となっている。

鍋島茂賢と鍋島長昭の二人が、松平信綱のもとに説明に出向くのは二度目である。それにしても、よりによって、なぜこの二人だったのか。両人は、三月一日の最初の聴取に際して、「しかとは存ぜず」と答えて信綱の怒りをかっている。ここは藩政の総責任者、家老の多久茂辰が出向くべきであった。今回も実戦を指揮した大木兵部・中野内匠以下が随行したものとみてよい。

榊原職直の釈明の書状は、文書の原物を見て強い印象を受けた。同じような下書きが二通残されている。ともに書状らしき前置きはなく、「二月二十七日有馬原の城にての次第」という表題で始まっている。本物は信綱側に渡っており、二通はともに下書きである。

一通は文章も少し短く、人名も敬称を略している。これが最初の下書きであろう。榊原は、これをもとに修正を加えてもう一通の下書きをつくり、これを清書して松平信綱に送ったことを物語る。何とか松平信綱の疑念を払おうと文章に工夫をこらした苦心のあとがうかがえる。

榊原職直は、自分たち父子が一揆勢を追い込む先頭に立ち、鍋島勢の先手も自身の下知に従って進攻しており、責任は自分にあるとしている。同時に、軍勢は三千以下であり、たくんで城中に進攻するような人数ではない。あくまでも一揆勢の姿が見えなかったので、出丸に明日の総攻撃の陣地を設けるために乗り込んだところ、一揆勢が攻撃したため交戦状態になった。軍法違反にはあたらない、と榊原職直は釈明している。

鍋島勝茂と榊原職直が松平信綱に起請文を出したのは、信綱が江戸に向け旅立ったあとであろう。何とかこの起請文に免じてお許しいただきたい、そうした必死の思いが伝わってくる。

鍋島勝茂としては、やれることはやったという気持だった。玄関払いされた松平信綱の宿所への伺候、重臣を派遣しての弁明、家中の反対を押し切っての起請文の提出、軍目付であった長崎奉行榊原職直からの詳細な釈明書など、卑屈とも思える恭順と謝罪をくり返している。あとは松平信綱がどう出るか。鍋島家の命運は、この男の胸三寸にかかっていた。

来なかった知恵伊豆からの返事

松平信綱は、四月四日の会合のあとも小倉にとどまっていた。四月二十日に船出しているので、丸十六日間小倉にとどまっていたことになる。その信綱が、四月十六日付けで鍋島勝茂に次のような返書を寄こしている。

書状拝見しました。今度、太田資宗殿、上使として、各に忝い上意の趣を聞かせられ、上様も冥加の至りと思し召しの由、ご尤もに存じます。榊原職直より貴様への返書の趣、ならびに鍋島茂賢・鍋島長昭方よりの釈明、戸田氏銕ともども承りました。はたまた一揆関係の三人の籠舎のことも承りました。様子については、使者の両人に伝えていますので、委しくは両人からお聞きください。

恐惶謹言

卯月十六日　　松平伊豆守（信綱）

鍋島信濃守（勝茂）様

貴酬

信綱の書状は短い。丁寧であるが、ムダなことは書いていない。能吏の文面である。松平信綱は、戸田氏銕ともども釈明のために小倉の信綱のもとを訪れた重臣の鍋島茂賢・鍋島長昭の申し立てを聞いている。

両人からの報告を受けた鍋島勝茂は、榊原職直に「御両人（松平信綱・戸田氏銕）が釈明を聞かれ、安堵された由、我らも目出度く存じております」と、一応の安堵の念を語っている。「安堵された由」とは、鍋島茂賢・鍋島長昭からの弁明を聞いた松平信綱・戸田氏銕の感想である。「二月二十七日の軍事行動についての説明を聞いて、安堵いたした」と二人は答えている。文章にみる限り、鍋島家に対する怒りの感情はみせていない。

鍋島勝茂は、何事もなければ二、三日中に知らせが来るだろうし、来なければ、「上様の御意向を得られ、我らを召喚し穿鑿されることになるだろう」と見通しを述べている。信綱から知らせがあれば、今回のことは穏便に済ませるという信綱の意向が示されているだろうし、知らせがなければ江戸への召喚ということになる。信綱からの知らせはなかった。

松平信綱が小倉を船出するのは、寛永十五年四月二十日である。

4　残された幕府長老の政治責任

松平信綱は、佐賀藩主の鍋島勝茂と、長崎奉行の榊原職直を幕府の軍法裁判にかけようとしている。結果的に、幕府の長老たちは、幕府の軍法裁判にかけられる鍋島家の軍功を称え、将軍家光の特別表彰状を出したことになる。将軍家光の特別表彰状は、これを発給した幕府長老たちの政治責任が追及されれば、責任問題に発展する余地をはらんでいた。

鍋島家の家譜『勝茂公譜考補』は、将軍家光からの特別表彰状を「一番乗りの奉書」と呼んでいる。そこで少し脇道に入ることになるが、幕府年寄にとって「奉書」という幕府最高文書を出すということは、どういう政治行為なのか、なぜそこから政治責任が派生するのか。このあとの幕府長老の引退劇を理解する前提として、この点について簡単に説明しておきたい。

幕府年寄の役目

先に述べたように、将軍家光は、寛永九年（一六三二）一月の大御所秀忠の死後、秀忠に付けられていた年寄衆を整理・排除しつつ、居残った酒井忠世・土井利勝・酒井忠勝という実力者に対抗させるため、子飼い側近の稲葉正勝を年寄に加え、松平信綱を「宿老並み」に引き上げる方策をとった。「宿老」とは年寄ということである。「宿老並み」となった信綱が、幕政において役職にみあった役割をはたしているかどうかは、奉書という将軍の命令を大名・旗本に伝達する幕府最高の文書が出される際に、署名者の一員に加わっているかどうかが観点となる。年寄が連名（連署）で出す奉書のことを専門的には「年寄連署奉書」といい、署名に加わることを「加判」といった。松平信綱が、加判の列に加わっていることを確認できるのは、寛永十年五月からである。

将軍の重要な命令・指示は、幕府の最高役職である年寄が、将軍の命令を受けて、基本的に年寄連名の奉書で出される。したがって、将軍の命令を大名・旗本に伝達する奉書の署名に加わることが、年寄の最重要な役目であった。奉書は将軍の命令を受けて出されるが、現実的には、奉書の命令内容を整え、おぜん立てをして将軍に伺いを立て、奉書発給の上意を受けるのは年寄の役目である。したがって、奉書の命令内容に重大な誤りがあり、将軍の判断を誤らせたのであれば、当然、年寄に相応の政治責任が派生することになる。

鍋島家特別表彰状の政治責任

鍋島家に出された将軍家光の特別表彰状、鍋島家でいう「一番乗りの奉書」は、専門的にも島原の乱をはさむ政治史を考えるうえで注目されてしかるべき文書である。しかし、従来、その存在に気づいていた形跡はない。

藤井讓治氏の『江戸幕府老中制形成過程の研究』（校倉書房、一九九〇年）は、将軍家光期の老中（年寄）奉書を全国的に収集し、その体系的な検討を通して、寛永十五年を到達点とした江戸幕府の老中制の形成過程を明らかにした大作である。藤井氏は収集された家光期の老中奉書の全てを同書に収録しているが、現物がないこともあってこの鍋島家の「一番乗りの奉書」は落ちている。

この「一番乗りの奉書」を加えると、江戸幕府の老中（年寄）制が、なぜ島原の乱の直後の寛永十五年に一つの到達点を迎えるのかが、整合的に説明できる。

鍋島家の「一番乗りの奉書」をもとに、この文書の持つ政治的な意味を少し考えてみよう。奉書とは、一般的にいえば、上位者の意思・命令を奉じて出された文書である。江戸幕府の奉書とは、年寄（老中）が将軍の命令を受け、将軍の命令を大名・旗本などに伝達した幕府の最高文書である。

ここで対象としている「一番乗りの奉書」とは、幕府年寄の酒井忠勝・土井利勝・阿部忠秋の三人が、将軍家光の命令を受けて出した、家光の命令を鍋島氏の側に伝達した幕府文書のことである。将軍家光が、原城を落城に導いた鍋島家の働き、その軍功を称え表彰したものである。

平たくいえば、将軍家光から出された特別表彰状ということになる。原城戦争に際して、出陣諸大名に対し幕府による格別の論功行賞は行われていないので、鍋島家にとって特別の行賞となる。土井利勝が動いていた鍋島家への島原藩領の加増は、特別行賞にみあった処遇だったといえる。

まずは、鍋島家に贈られた将軍家光の特別表彰状を見ていただきたい。多少専門的になるが、これは原文で示さざるをえない。原文を読み下して示しておこう。

御状拝見せしめ候、去る月二十七日、賊徒籠り候古城、二の丸の出丸乗っ取られ、則二の丸の小屋を放火、即時に諸手本丸へ押し詰め、二十八日に及び悉く落城の由、示し預かりの趣、上聞に達するの処、御機嫌に思し召され候、委曲後音を期し候、恐惶謹言

阿部豊後守
忠秋
酒井讃岐守
忠勝
土井大炊頭
利勝

三月十日

鍋島信濃守（勝茂）殿
同　紀伊守（元茂）殿
同　甲斐守（直澄）殿

〔訳〕

お手紙、拝見しました。先月二十七日、賊徒が立て籠もった原城の二の丸の出丸を乗っ取られ、さ

らに二の丸の小屋に火をかけ、即座に諸手の軍勢が本丸に乗り込み、二十八日にはことごとく落城させた由、ご注進の趣を上様にご報告したところ、ご機嫌に思っておられます。詳細については今後のお手紙を期しています。

幕府年寄の阿部豊後守忠秋・酒井讃岐守忠勝・土井大炊頭利勝の三人が、鍋島信濃守勝茂・紀伊守元茂・甲斐守直澄に出した文書（奉書）である。勝茂は佐賀藩主、元茂は勝茂の嫡男（庶嫡男）で小城支藩の藩主、直澄は勝茂の五男で寛永十六年に蓮池支藩の藩祖となり、勝茂のあとの佐賀藩主に目されている人物である。原文書には阿部・酒井・土井の名前の下には花押が据えられていたはずである。

文書は幕府の三人の年寄から出されている。「年寄」という用語は一般的でなく、老中との区別が分かりにくいが、ザックリといえば老中ことである。当時の年寄（老中）は、譜代筆頭の彦根藩主井伊直孝は別格として、連署（連名で署名）している阿部忠秋・酒井忠勝・土井利勝の三人に堀田正盛と松平信綱を加えた五人である。堀田は前日出された年寄連署の文書には名を連ねているが、これには加わっていない。堀田は病気がちであり、当日は健康がすぐれなかったのであろうか。松平信綱は九州に出向いており、当然名を連ねていない。

五人の年寄うち酒井と土井は、将軍家光の父、秀忠の将軍・大御所時代以来の長老的な年寄である。これに対し堀田・阿部・松平は家光子飼いの側近から抜擢された新参の年寄である。鍋島家に出された特別表彰の文書は、土井利勝・酒井忠勝という両巨頭に新参の阿部忠秋が加わって作成されている。阿部忠秋は信綱の後輩である。

多少なりとも古文書が読める方ならば、この文書が通常の書状、つまり手紙と変わらないと思われるだろう。実際、この文書は鍋島氏の側から年寄の土井利勝に出された手紙の返事である。本来であれば、土井が個人的に返事を出せば済むものであるが、返事の手紙が、土井を含めた三人の幕府年寄衆から出され、受け取った鍋島氏の側は、この返事の手紙を「一番乗りの奉書」と認識していた。「奉書」とは、将軍から頂いたものである。だから先にみたように、鍋島家の家譜の編纂者は、この「一番乗りの奉書」のことを、将軍家光の手紙である「御内書」とも呼んでいた。

年寄衆の一人、土井利勝に宛てて出された手紙の返事が奉書として出されるためには、将軍家光の命令が必要である。年寄衆は、土井利勝に出された鍋島氏の手紙を将軍家光に見てもらい、手紙の返事を奉書として出すことについて、家光から承認の命令を得る必要があった。

つまり、鍋島氏から土井利勝に出された手紙は、幕府年寄衆から将軍家光の上覧に供せられ、家光の命令で手紙に対する返書が、年寄連名の奉書の体裁をとって出されていることになる。文中に「上聞」（将軍家光の耳）に入れたとある。また、手紙の宛名が「様」でなく、少し儀礼の低い「殿」となっているところが、当時の奉書の一般形式である。

まぎれもなく佐賀藩主鍋島勝茂は、自身が幕府の最高実力者である土井利勝に出した手紙の返事を、幕府年寄衆連署の奉書（「一番乗りの奉書」）、上様からの特別表彰状として受け取っていた。この一枚の文書が、歴史を変えていくことになる。

第五章　幕府抗争下の軍法裁判

松平信綱の江戸帰着によって中央政界には政治抗争を生み、地殻変動を起こし始める。中央政界の政治抗争を象徴し、その幕開けとなるのが原城戦争の軍法裁判である

軍法裁判は、原城戦争の軍事行動において軍法違反を犯した佐賀藩主の鍋島勝茂と、鍋島家の軍目付であった長崎奉行の榊原職直を裁くことになる。同時に、軍法違反の大名家の軍功を称え、将軍の特別表彰の文書まで出した幕府長老の政治責任を問題化させることにもなった。

原城戦争後の中央政界の力学変化を象徴する、幕府中枢の政治抗争下で開設された軍法裁判についてみていこう。

1　将軍家光と松平信綱の密会

寛永十五年（一六三八）五月十一日、江戸に帰着した松平信綱は、江戸城二の丸において将軍家光と

余人をまじえずに会っている。二人の語らいは夜明けまでつづいた。中央政界の戦後政治史は、この将軍家光と信綱の密会から始まっている。

大坂城での宣告

幕藩軍の最高司令官、上使の松平信綱が江戸に帰着したのは寛永十五年五月十一日のことである。ほぼ半年ぶりの江戸ということになる。江戸に向かう途中、信綱は、大坂城において、将軍家光の叔父で幕政顧問、大和郡山藩主の松平忠明と会っている。松平忠明が鍋島家の強力な後ろ盾であることは百も承知のうえでのことである。単なる表敬訪問ではない。

松平忠明は、原城戦争の過程において、将軍家光から上方の幕府機関の監督役に任じられていた。信綱が大坂城に立ち寄った目的の一つは、今回の島原の乱のような西国（西日本）の有事に際して、今後、大坂城代・京都所司代といった上方の幕府機関がどのような役割を果たすべきかについて協議するためである。

会合の席には大坂駐在の幕府幹部も出席していた。大坂城代の阿部正次、大坂定番の稲垣重綱、大坂町奉行の曽我古祐・久貝正俊などの面々である。大坂の幕府機関に西国有事に際しての軍事指揮権が与えられることになるのは、このすぐあとのことである。

松平信綱が、松平忠明に会った今一つの目的は、いうまでもあるまい。佐賀藩主鍋島勝茂を軍法違反の件で近く江戸に召喚する旨を知らせておくことであった。信綱の言葉は宣告に近いひびきがあったと思える。「おのれ、伊豆」との思いが松平忠明にはあったろう。将軍家光の叔父、幕政顧問の立場をもってしても、いまや、いかんともしがたい問題だった。松平忠明が軍法裁判の阻止に動いた形跡はない。

大坂町奉行の曽我古祐は、「有馬落城の雑談のついでに、信綱が松平忠明に二月二十七日のもようを語った」と熊本藩主の細川忠利に知らせている。信綱が「二月二十七日のもようを語った」ということは、総攻撃の日程をなしくずし的に一日早めた鍋島勢の抜け駆けについて語ったことを意味する。

松平忠明が鍋島家の後ろ盾であることは承知のうえでの話しである。「江戸に戻ったら、幕府に軍法廷を開設し、鍋島勝茂と榊原職直を裁きにかける」と通告したとみてよい。松平忠明は、どういう思いで信綱の話しを聞いたのであろうか。

律儀な曽我古祐などは肝をつぶしたであろう。相手が相手である。鍋島家の後ろ盾を自認する徳川一門の重鎮、幕政顧問を相手に宣告しているのである。曽我氏は室町幕府の文書作成をつかさどった文筆の家柄であり、江戸幕府でも文筆能力をもって重用された。当時、幕府の文書行政にもっとも明るかった人物だといってよい。

将軍家光は、すでに鍋島勝茂に特別表彰状を出している。将軍家光の命令が文書で示されている。曽我古祐は、その重みを誰よりも熟知している幕臣である。鍋島家の軍功評価は公式に確定している。松平信綱という男は、それをひっくり返そうとしているのである。

曽我は久しぶりに信綱に会った。曽我古祐は、松平信綱という上様お気に入りの男が、江戸を留守にしている間に、その存在力を大きく飛躍させていることを実感した。「伊豆殿なら、やるだろう」。曽我は、そう思った。

松平信綱の江戸帰参

松平信綱が江戸に帰着したのは、寛永十五年五月十一日の夜である。翌五月十二日、信綱は戸田氏鉄ともども登城した。信綱の江戸帰着・登城について、『江戸幕府日記』の五月十二日の条に、「松平信綱・戸田氏鉄が昨夜帰参し登城した。しかし、明日御前へ召し出すとの上意があった。今日が悪日だからという理由である」とある。

半年ぶりに江戸に戻ったのに、「悪日」として会わない。「明日出直せ」、というのである。「生まれながら将軍」といわれる男である。気まぐれは、いつものことだった。「半年ぶりなのに、つれない」、とは思わない。家光の誕生から仕えている側近として慣れたものである。

信綱は、五月十三日の午後、江戸城本丸の黒書院において家光に拝謁している。この日、最初に拝謁したのは鹿児島藩主の島津光久の一行である。前藩主島津家久の死去により遺領相続を認められたことの御礼に拝謁したものである。次が柳川藩主の立花宗茂。最近入道して立斎と名乗った立花宗茂は、しばしば家光とお茶席をともにしている。最後に信綱と戸田氏鉄のお目見えとなっている。

信綱は嫡男輝綱を、戸田氏鉄は次男氏経と六男氏照をともなっていた。せがれたちは、いずれも島原に下っていた。お目見えには将軍家への献上品が必要である。戸田氏鉄は太刀に深紅の舶来毛織物を献上した。島原表からの帰途、立ち寄った長崎・平戸で手に入れたものであろうか。松平信綱は普段着の上着である道服を献上した。道服は家光が奥にて着用するものであろう。幕閣から進物について披露があり、家光から一言あって拝謁は終わっている。

将軍家光へのお目見えとは、このようなものである。黒書院には拝謁者を引き合せる役として土井利勝も出仕している。信綱は、今後、追及していくことになるこの老実力者を、どのような目で見ていたであろうか。

家光への五ヵ月ぶりのお目見えは何事もなく終わっている。「未の下刻」（午後三時ごろ）には、家光は品川の御殿に向かった。家光が城に戻るのは、「酉の後刻」（午後七時ごろ）である。

明け方まで話し込んだ将軍家光と信綱

ところが、この日のお目見えには、つづきがあった。品川に向かう家光が、その日の夜、信綱を密かに呼んでいたのである。『信綱記』によると、信綱がお目見えを終わって退出しようとすると、御側衆から家光の命令を示した書付が渡されている。「日暮れになったら、平川口を通って二の丸へ出向いてきなさい」という文面である。平川口なら誰にも見られずに二の丸へ入れるという家光の配慮である。平川口の番役には、日暮れ、信綱が来ることを知らせてあった。家光には、こういう細やかな神経がある。

その夜、歴史は動いている。歴史的な密会といってよい。信綱が、昼間、家光に拝謁したのは本丸中奥の黒書院である。家光は、病気もあって長く「奥」（大奥）に引き籠ったことから、政務の場である「表」に出ず、奥と表の中間の位置に家光の政務・謁見の空間として「中奥」が生まれ、中奥の「黒書院」、奥の「御座の間」で謁見したり、年寄たちと会議を行った。

これに対し二の丸は、家光のプライベートなくつろぎの空間として設定され、特別の客人とゆっくり過ごす場所だった。家光は、二の丸の「台間」（将軍の間）に信綱を招いている。信綱は嫡男の輝綱をともなって江戸城二の丸に出向いている。

目をひくのは、この台間に置かれている「有馬の品々」である。松平輝綱は、日記に「有馬の品々、台間に有り」と書いている。「有馬の品々」といっても、島原表に派遣された上使衆からの土産の品々をわざわざ台間に持ちこむことはあるまい。今回の島原・天草一揆の関係の品々、原城からの押収物が「有馬の品々」の主体であったとみられる。幕府上使衆が持ち帰った「有馬の品々」は、ここに運びこまれていたのである。「有馬の品々」が置かれた台間に信綱が招かれているところに、この日、二人が余人をまじえず会った話しの中味もおよその推測がつく。

信綱の嫡男、輝綱は台間の離れた場所に控えていた。はなれた場所から家光と信綱が「閑談」する様子が見て取れた。『信綱記』には、「御出仕、深更までに及び、彼の地の様子聞し召さる」とあり、また、『信綱記』の年譜によると、家光と信綱は夜を徹して話し込み、「暁天に到り、帰家す」とある。

家光と信綱は、「有馬」（島原）について夜明け近くまで話し込んでいる。当時の家光の健康状態からして異例のことといえる。『江戸幕府日記』を見ると、家光は翌日のスケジュールを空けている。その夜は信綱と語り明かすつもりだったとみられる。「御閑談の儀、惣じて伊豆守口に出さず」と輝綱は書いている。「閑談」の内容について、信綱は嫡男にも口外することはなかった。

信綱は死に臨んで、嫡男輝綱に有馬関係の文書類を焼かせている。信綱にとって、有馬での経験は政治人生を凝集させたものであった。そして、この夜の「閑談」は、自分の胸の内を家光に吐露できる機会となった。家光と信綱との「閑談」において、「有馬」後の政治向きについても重大なことが話し合われたことが想像できる。輝綱も「閑談」の内容が気になったようだが、信綱が、この日の「閑談」について語ることはなかった。輝綱は「故に今これを記すことはできない」と書いている。この将軍家光と松平信綱とが、明け方近くまで語り合った「閑談」こそ、「有馬」後の政治を決定づけたといってよい。戦後政治は、この江戸城二の丸の台間から開始されたことになる。家光と信綱との閑談の話題の一つが、鍋島勝茂と榊原職直の軍法違反問題だった。

家光は、この日はじめて鍋島勢の軍事行動が、家光自ら前線に対して強く戒めた抜け駆けであったことを詳細に知らされたものと思える。信綱は、鍋島勝茂と榊原職直を江戸に召喚し、公儀の裁きを受けさせることの必用を訴えた。さらに信綱は、抜け駆けの軍法違反を犯した鍋島家に対し、軍功を称えた上様の特別表彰の文書が出されていること、この文書（奉書）の権威からして、これを出した政治責任を不問にすべきではないことも説いたものと思える。

将軍家光は信綱の説得に同意した。『信綱記』によると、「深更まで彼の地の様子を聞かれ、翌日、鍋島勝茂・榊原職直を継飛脚を以て召し登さる」とある。佐賀藩主鍋島勝茂と長崎奉行榊原職直に対する江戸召喚の継飛脚が出されるのは、「閑談」の翌日となっている。

しかし実際には、両名に対する江戸召喚状は、翌日に出されていない。

2　開設された軍法法廷

寛永十五年（一六三八）五月十三日の夜、二人っきりで会った将軍家光と松平信綱との間で、軍法裁判の開設が合意された。軍法裁判の開設は、くすぶっていた幕府中枢の政治対立に火をつけ、政治抗争を引き起こすことになる。

鍋島勝茂の江戸召喚をめぐる政治抗争

幕府から佐賀藩主鍋島勝茂に江戸召喚の命令が出されるのは、寛永十五年五月二十二日のことである。この日の幕府の公式記録『江戸幕府日記』に、「鍋島信濃守へ継飛脚、これ遣わさる」とある。六月四日、この継飛脚が佐賀の鍋島勝茂のもとに届いている。

この日、鍋島勝茂は佐賀城の東屋敷に涼を求めて移っていた。佐賀の夏は暑い。そこに江戸からの継飛脚がもたらされた。継飛脚は幕府年寄衆からの参府を求める命令書である。勝茂にとって、来るべきものが来た、という思いであったろう。次のような文面である。

一筆啓達する。この度有馬表の儀について、お尋ねなさる事があるので、榊原職直を江戸に召喚する。しからば、その方も参府すべき旨、仰せ出された。そのことを了承し、参上すること、もっともである。そのため以上のとおりである。恐々謹言

五月二十二日

阿部豊後守《忠秋》
酒井讃岐守《忠勝》
土井大炊守《利勝》

鍋島信濃守《勝茂》殿

文面は、「島原表のことについて尋ねたいことがあるので出府せよ」、というものである。「榊原職直を江戸に召喚するので、その方も参府せよ」と、原城戦争において鍋島勢を監督する立場にあった軍目付の榊原職直に力点に置いた江戸召喚の形態をとっているが、軍法裁判のねらいは長崎奉行の榊原より

も外様大藩の佐賀藩主にあった。

この文書も三人の年寄が連名で出した幕府文書、将軍家光の命令を鍋島氏側に伝達する年寄連署の奉書である。「参府致すべき旨、仰せ出された」とは、鍋島勝茂に対する江戸への出頭命令が将軍家光の命令であることを通告したものである。参上して当然であり、拒むことなどあってはならない、との意向が示されている。

この幕府年寄衆による江戸召喚命令は五月二十二日に出されている。松平信綱の江戸帰着から数えて十一日目のことである。先の『信綱記』によれば、家光は、信綱と会った翌日、五月十四日に召喚状を出すよう年寄衆に命じたことになっているが、鍋島・榊原の江戸召喚状は、実際にはそれから八日後に出されたことになる。

例の鍋島家への特別表彰状が即日的に出されていることを考えると、三人の年寄は家光の命令を即座に実行に移していないことになる。そこには鍋島勝茂・榊原職直の江戸召喚の奉書発給をめぐって、土井利勝と酒井忠勝の両長老が難色を示していたことが想像される。

熊本藩主の細川忠利によると、松平信綱が鍋島勝茂・榊原職直に示した江戸召喚の言動に対して、年寄衆は「伊豆に意見する」と怒りをみせている。その年寄衆とは井伊直孝と土井利勝であり、それに酒井忠勝も加わっていたとみられる。実際、井伊直孝と土井利勝は信綱に詰め寄っていたと思える。彼ら年寄衆にとって、「鍋島と榊原へ召喚状を出せ」との家光の命令は、「伊豆（松平信綱）が上様を抱き込んで出させた」と映っていた。

いずれにしても、幕藩軍の最高司令官であった上使の松平信綱と戸田氏鉄を原告とする軍法法廷が、幕府に開設されることになった。二ヵ月前、幕府には原城総攻撃に際しての鍋島勢の働きを称賛する気分が一気に広がっていた。そして鍋島家には鍋島勢の働きを称える将軍家光の特別表彰状が出された。それは、一揆蜂起以来四ヵ月余、一揆勢の立て籠る原城を落城に導いた最大の功労者に対する将軍家光と幕府首脳たちのいつわらざる称賛の表明であった。ところが今や、鍋島勝茂を一転して軍法法廷に召喚するというのである。

鍋島家をめぐる幕府の評価は全く逆転した。いな、逆転させられた。変わったのは鍋島家に対する評価だけではない。幕府中枢の権力構図も大きく地殻変動を起こしつつあった。

鍋島家の評価が逆転した今、幕府の最高文書である奉書の発給に際して、将軍家光に真逆な意思表示をさせ、特別表彰状を出させてしまった土井利勝と酒井忠勝の政治責任が不問に付されるわけがない。土井利勝にいたっては鍋島家に対する島原藩領の加増まで持ち出していた。

改めて注目したいのは、松平信綱が小倉で広言したことを、現実の政治において実行していることである。鍋島氏に江戸召喚を命じるためには、将軍家光の考えを変え、幕府年寄衆に二ヵ月前の奉書とは真逆の奉書を出させる必要があった。松平信綱は、二ヵ月前、鍋島氏の軍功を称賛する「一番乗りの奉書」を出した年寄の三人に、今度は鍋島氏を江戸の軍法法廷に召喚する奉書を出させたことになる。

鍋島家処分後の幕府長老たちの動きをみても、閉門処分となった鍋島家に同情的である。井伊直孝と酒井忠勝はとくにその傾向がつよい。この江戸召喚の奉書が出された経緯をみると、原告となった松平信綱が、しぶる土井利勝や酒井忠勝を、上様の意向と軍法違反という正論をたてに、鍋島勝茂召喚の手続きに向かわせていたことが想定できる。「伊豆にしてやられた」。幕府長老たちの偽らざる思いであったろう。

再度の江戸召喚命令

鍋島勝茂の江戸召喚命令は異例の経緯をとっている。同じような命令が二度も出されているのである。さきに見た五月二十二日付けで出された召喚の奉書が、「念のため」ということで、三日後の二十五日付けで再度出されている。将軍の命令を伝達する文書（奉書）が、同じような内容で二度出された例がそうそうあるものではない。

年寄衆は、やはり、鍋島家という外様大藩の藩主を江戸に呼びつけることに気をつかっていた。鍋島家側が江戸召喚を拒否する事態を恐れていたともいえる。

実は、六月に入ると、鍋島家の飛騨国への転封が取沙汰されるようになる。改易・遠島の怪情報も出ている。また同時に、土井利勝の駿河転封も取沙汰される。中央政界は一気に流動化の様相をみせている。鍋島勝茂が、こうしたきな臭い幕府中枢の動きを警戒して召喚に応じないことも想定された。

鍋島家にも武門の意地がある。満腔の言い分もあった。将軍家光の特別表彰を受けた経緯もある。「何で将軍の特別表彰を受けた身が、罪人まがいに出頭しなければならないのか」。鍋島家が江戸召喚を拒否しても、拒否するだけの理はあった。しかし、拒否すれば、どうなるのか。熊本藩主細川忠利の父、八代城主の細川忠興は、「鍋島が出府を拒み、国元で申し開きをすれば、叛乱となる」との見方をしている。

鍋島勝茂が喚問を拒むと、厄介な政治問題に発展することは確実である。へたをすれば「叛乱」の疑いありとして、鍋島家を改易せざるをえない事態に発展する恐れがあった。同時に、二度の召喚状には、にわかに存在力を増している松平信綱に神経を使っている長老たちの心情も感じる。

三日前の召喚状と見くらべても、命令の趣旨は全く同じである。「この趣は一昨日申し入れたが、継飛脚なので念のため重ねて奉書を出した」、というのである。継飛脚なので途中で何があるか分からないので、再度の召喚状を出したと説明している。

鍋島勝茂に何としても江戸に来てもらい、評定所での裁判を受けてもらわなければ、あの伊豆が次にどのような手を打ってくるか分からない。こうした配慮がうかがえる。

鍋島勝茂、江戸への旅立ち

佐賀の鍋島家に幕府からの江戸召喚命令が届いた。それも二通届いた。幕府は本気で殿様を江戸に呼びつける気でいる。鍋島家では藩主の江戸召喚をめぐって激論がたたかわされている。

それは、そうだろう。自分たちの殿様が御公儀の裁判にかけられるのである。家臣として堪えられるものではない。後年の『葉隠』を生んだ武士道のお家柄である。武門の意地と名誉がかかっている。

「断固江戸に行くべきではない。有馬で抜きんでた働きをした御当家が何で公儀の裁きを受けねばならないのか。殿を罪人にしてはならない」、「殿は小倉で伊豆（松平信綱）から玄関払いにされた。伊豆の悪だくみにのるな」。葉隠武士からは、こうした激論が百出したであろう。「江戸行きを拒否し、佐賀で幕府の軍勢と戦って意地を見せよう」。こうした勇ましい意見も出たものと思える。

考えられるのは、書面をもって反駁することである。しかし、これまでにさんざんやってきている。

長崎奉行の榊原職直からの釈明と合わせると、説明は尽くしている。それでも江戸に出てこい、というのである。

徳川の世になって呼び出しを無視した例はある。関ヶ原合戦後、薩摩の島津家など、あの家康からの呼び出しを数年間無視しつづけた。それでも確固として存続している。鍋島家にそれができるか。鍋島家の上層部は、一応はこうした召喚拒否の可能性を検討したはずである。

しかし、つまるところ、鍋島家としては江戸召喚に応じるしか選択肢はなかったとみてよい。熊本藩八代城主の細川忠興が指摘しているように、「叛乱」とみなされるのを覚悟で出府を拒否し、武門の意地を通すことが議論されたとしても、藩主勝茂に鍋島家を棒に振る考えなど毛頭なかった。

松平信綱には、「二度と軍法違反はしない」旨の起請文も書いた。鍋島家を守るためには、やれることはやった、というのが勝茂の心境であった。「それでも伊豆殿（松平信綱）が許さないというなら、江戸に行くしかあるまい」。こういう腹だったと思える。

鍋島勝茂が佐賀を立ったのは、寛永十五年六月五日のことである。家中全員が勝茂への「御暇乞い」に佐賀に集まったという。そうであろう。転封・改易との取沙汰もされている。改易になれば、そのまま配所に向かうことになる。主君との最後の別れになるかも知れないのである。佐賀城の大手筋に家臣たちが群がるなかを勝茂の駕籠は出立した。情景が目に浮かぶようである。

勝茂一行は小倉近郊の大里（現・北九州市）に出て、ここから藩船国市丸に乗り、大坂をめざした。大坂では将軍家光の叔父で幕政顧問、大和郡山藩主の松平忠明が出迎えた。松平忠明は、鍋島家の支持者であり、三年前に早世した四男（世子）忠直の岳父であった。勝茂と忠明は「夜半」まで話し込んだという。

長崎奉行榊原職直の江戸召喚

長崎奉行の榊原職直が江戸召喚命令を受け、長崎を立って江戸に向かうのは寛永十五年六月七日のことである。平戸オランダ商館長のニコラス・クーケバッケルは同日（一六三八年七月十八日）の日記に次のように記している。

長崎の我々の宿主グロベエ殿から手紙が来て、次のようにあった。昨日の午後、奉行榊原飛騨殿に使者が来て、彼は宮廷（幕府）からよばれたので、今夕同地を出発する。龍造寺（佐賀）の領主（鍋島勝茂）も同様に宮廷に呼ばれて居り、近日中につづくはずである。この理由については、いろいろ言われている。

クーケバッケルは、この年の一月、松平信綱の要請で商館のフライト船レイプ号をもって原城砲撃に参加したあと、江戸に上り、将軍・幕閣に献上品を送り、同年五月二十一日に平戸に戻ってこのニュースに接している。日記によると、六月六日、榊原職直のもとに幕府の使者が来て江戸召喚を通知し、翌日の夕刻には使者にともなわれて江戸に向かっている。事実上の強制連行的な江戸召喚である。

鍋島勝茂とは二日違いの出発である。「宮廷」（幕府）からの使者は、まず佐賀に立ち寄り、ついで長崎に向かったものと思える。鍋島氏の江戸召喚には二度の召喚状を出すほどに神経を使っている。鍋島勝茂と榊原職直を同時的に江戸に向かわせるため、鍋島氏には再度念をおし、榊原氏には同行させるため使者を派遣したものである。

鍋島勝茂の江戸召喚の理由についてクーケバッケルは、「この理由については、いろいろ言われている」と書いているが、数日後、平戸藩主松浦鎮信からその理由について、次のように知らされる。平戸侯（松浦鎮信）に宮廷（幕府）から手紙が来た。龍造寺（佐賀）の領主（鍋島勝茂）及び奉行飛騨殿（榊原職直）が宮廷に呼ばれた理由は次のとおりである。有馬と天草の叛乱農民を全滅させるために、皇帝（将軍）の命令が、毎日飛脚のもって来る手紙により江戸から同地に送られた。閣老伊豆殿（松平信綱）・左門殿（戸田氏鉄）、その他の領主はこれに従って行動しなければならなかったが、上記の閣老たちの決定が踏みにじられ、足蹴にされたからである。

鍋島勝茂・榊原職直の江戸召喚の理由について、「皇帝の命令」、あるいは松平信綱ら「閣老たちの決定が踏みにじられ、足蹴にされたからである」とクーケバッケルは書いている。クーケバッケルの個人的な見方でなく、平戸藩主からの手紙としてこうした情報を得ている。

「皇帝の命令」が「踏みにじられ、足蹴にされた」。話しはここまで進んでいる。鍋島勝茂・榊原職直によって「皇帝の命令」や原城攻めの軍法が「踏みにじられ、足蹴にされた」となれば、その鍋島勝茂に「皇帝」の特別表彰状まで与えた政治責任が不問に付されるわけがない。

3　原城戦争の軍法裁判

原城戦争の軍法違反者を裁く軍法裁判が始まった。将軍家光自身が審理に加わり、最終的に判決を下した。原城戦争の軍法裁判の模様をみてみよう。

松平信綱からの出頭命令

寛永十五年（一六三八）六月七日、当時参勤で江戸にのぼっていた小城藩主の鍋島元茂は、松平信綱から家光側近閣僚から次のような出頭命令を受けている。鍋島元茂は佐賀藩主鍋島勝茂の嫡男（庶嫡男）、小城藩は佐賀藩の支藩である。

御用の儀を申し渡すので、今すぐ、評定所までお越しいただきたい。なお、先書には豊後守《阿部忠秋》宅までお越しいただきたいと申し入れていたが、幸い評定所にいるので、このようにした。以上

六月七日

阿部対馬守《重次》
阿部豊後守《忠秋》
松平伊豆守《信綱》

鍋嶋紀伊守《元茂》殿

この文書は幕府閣僚が用向きを通知した差紙といわれるものである。阿部重次・阿部忠秋・松平信綱からの差紙である。鍋島元茂は松平信綱ら三閣僚から今すぐ評定所へ出頭するように求められている。「御用の儀」とは、近く開かれる軍法裁判に関係する用務とみてよい。

松平信綱は軍法裁判の原告的な位置にある。裁判の実務から距離をおいているのかと思いきや、この差紙にみるように、裁判の準備も自身の手で着々と進めていた。長老たちが動かないので、自身が中心となって実務に乗り出していた印象を受ける。

信綱は、最初、元茂の出頭先を「豊後守宅」としていた。「豊後守宅」とは、島原の乱の直前に年寄

（老中）となった阿部忠秋の屋敷である。最初は阿部忠秋の屋敷に鍋島元茂を呼びつけていた。その後、「自分たちは、幸い評定所にいる」として、評定所への出頭を命じている。この評定所が近く軍法裁判が開かれる場所となる。「幸い評定所にいる」という言い方も、軍法裁判のおぜん立てが信綱ら家光側近閣僚サイドで進められていたことをうかがわせる。

差紙には年寄の松平信綱・阿部忠秋のほかに、もう一人、若年寄の阿部重次が名を連ねている。阿部重次は、この年の十一月七日の政変人事で年寄（老中）となる閣僚である。軍法裁判は将軍家光側近の閣僚であり、このあとに幕政を掌握していく松平信綱・阿部忠秋・阿部重次の三人が、実質的に取り仕切っていたのである。

裁判の朝の水盃

寛永十五年六月二十三日、鍋島勝茂の一行は江戸麻布の屋敷に着いた。箱根の関所では幕府の方から「鍋島一行は夜中でも通せ」と指示されていた。幕府は鍋島家を軍法裁判のテーブルにつかせることに神経をつかっていた。

六月二十五日、勝茂は、年寄の酒井忠勝から明日、幕府評定所への出頭を命じた差紙を受け取った。幕府評定所での軍法裁判は、明日、六月二十六日と決まった。酒井忠勝からの出頭命令がもたらされると、藩主勝茂と重臣たちは、明日、どう裁判に臨むのかという議論を始めている。

なにしろ勝茂一行が江戸に到着すると、「鍋島家の身代が危ない」という噂で持ちっきりだった。転封、つまり国替が取沙汰されていたのである。転封先として飛騨、出羽が噂されていた。勝茂一行は改めて鍋島家が容易ならざる事態に直面していることを思い知らされた。

一行の議論も江戸市中の噂を受けて始まっている。「評定所に出て説明しても、どうせ恥をさらすだけだ。ここは出座せず、一戦を交えよう」という勇ましい強硬論が出る。「出座しても、説明が明白でないと、却って墓穴を掘りかねない」といった、聞きようによっては藩主勝茂の説明能力を危ぶむような悲観論も出ている。議論は深夜を過ぎてもつづいている。

勝茂の嫡男（庶嫡男）、小城藩主の鍋島元茂が発言した。「我々の粗忽からこういうことになった。家はつぶれる時にはつぶれる。いさぎよく一番乗りを強く主張しよう」と元茂は言った。「一番乗り」とは、鍋島勢単独で城中に攻め入ったということである。元茂の主張する意見が大勢を占めている。藩主勝茂の心情を代弁したものといえる。

そんな折、末席にいた中野兵右衛門が発言した。「鍋島家の強みばかり主張していると、作り話のようにも受け取られる。律儀にありのままを申し上げてはどうだろうか」と発言し、みなの納得を得た。「ありのまま」とは何なのか。今一つ、中野の本音が分からないが、ともかく正攻法で行こうということであろう。何事も理屈の多いお家柄である。後年、『葉隠』を生む土壌は濃厚にある。

さて、こうして運命の日、六月二十六日を迎えた。藩主勝茂以下、全員が一睡もせず、明け方を迎えている。勝茂は、裁判の成り行き次第では、このまま屋敷に戻れないこともあるとして、あとの手はずを申し渡した。そして勝茂は、「出仕の仕度をせよ」と命じ、夫人と孫の翁介（のちの本藩三代藩主の光茂）以下の子供たちを呼び、水盃を交わした。夫人は玄関で、「目出度く御帰館されることを祈っております。万一の時は鍋島の名字を汚さぬようになさいませ」と言葉をかけ、夫を見送った。

勝茂一行は、まだ夜が明けていない暗がりのなかを出発した。五男の直澄が手燭を持ち、嫡男の元茂が勝茂の腰の物を持ち、徒歩で駕籠脇に従った。小城藩主鍋島元茂は、柳生新陰流の総帥、惣目付（大目付）の柳生宗矩から免許皆伝を受けた剣のつかい手である。お供には土山五郎兵衛・河浪助右衛門・於保作右衛門など十名近い家臣が付き従い、八重洲河岸の辻番所にも勝茂からの問い合わせに対応するために、中野内匠・大木兵部・鍋島市佑を詰めさせた。

勝茂は、評定所に着くと、河浪助右衛門を年寄の土井利勝・酒井忠勝のもとに遣わし、評定の席に嫡男の元茂を連れて行くことを願い出ている。「自分一人だと言いもらすこともあるかも知れない」という理由からである。

しかし、勝茂の申し出は許されなかった。評定所の控えの間には元茂もお供の家臣も控えている。土井と酒井は、「お一人で対応できない時は、控えの者たちとご自由に相談なされてよいので、紀伊殿（元茂）の列座には及ばない」と答えている。藩主勝茂は一人で評定の場に臨むことになった。

将軍家光、直々の尋問

鍋島勝茂は土山五郎兵衛以下、七、八人の供侍をつれて出座した。もう一人の被告である榊原職直が先に出座している。二人は言葉を交わしていない。緊張感が伝わってくる。

幕府側には年寄の酒井忠勝・井伊直孝・土井利勝・阿部忠秋・堀田正盛が並び、惣目付（大目付）以下の役人も列座した。病気がちの堀田正盛も出席している。原告の松平信綱以外、年寄は全員が列座している。いよいよ軍法裁判の開廷である。

この日の『江戸幕府日記』を見ると、「評定場において、午の下刻まで寄合。それより老中登営」とある。評定場（評定所）での「寄合」が軍法裁判である。幕府の重要審議に関わる閣僚・幹部役人が一同に会している。審理が開始されたのが六月二十六日の午前九時ごろであろうか。「午の下刻」（午後一時ごろ）に終了している。なかなかの長丁場である。タップリ三時間は審理が行われている。裁判終了後、年寄（老中）は城中の役間に戻っている。将軍家光に審理の状況を報告するためである。

鍋島家の記録をみると、評定所での審理に先だって、鍋島勝茂は惣目付（大目付）の秋山正重から聴取を受けている。細かな事実確認は惣目付が行い、幕府年寄は軍法違反の判断に関わる点を中心に審理が進められている。

この裁判で特徴的なことは、将軍家光が酒井忠勝を介して尋問の口火を切っていることである。『江戸幕府日記』によると、裁判の前日、家光は酒井忠勝の屋敷に御成りをしている。日記に「未の下刻、酒井讃岐守下屋敷へ御成り。戌の後刻、二の丸へ還御された」とある。

家光は、前日の午後三時ごろに酒井忠勝の下屋敷を訪れ、午後九時ごろまで滞在している。家光は、酒井忠勝の屋敷で原城総攻撃の際の鍋島勢の軍事行動について説明を受け、自らの尋問内容をまとめたものとみてよい。若年寄の三浦正次以下、島原に派遣された上使たちも同席していたと思える。

家光は、酒井忠勝の屋敷から江戸城本丸でなく、二の丸に向かっている。二の丸に誰か呼んでいたものと思える。誰であろうか。側近閣僚の一人であろう。酒井忠勝のもとで受けた説明、自らの尋問内容について意見を求めたものと思える。

さて、いよいよ軍法裁判が始まった。まず、幕府評定所を代表して酒井忠勝が尋問した。「この度、有馬表へ上使として松平信綱と戸田氏鉄が派遣され、その後派遣された上使を通じて、万事上使の両人（松平信綱・戸田氏鉄）と相談し、下知にしたがうべきことを命じた。また、両上使が定めた軍法もある。しかるに、二月二十八日の城攻めと決められていながら、二十七日に城乗りしたのはどういう理由なのか、尋ねよ、との上意である」と尋問した。

酒井忠勝の尋問は将軍家光から出された尋問であった。前日、酒井忠勝の屋敷で説明を受け、家光が「これを鍋島に尋ねよ」と酒井忠勝に命じたものである。

家光は、このところ体の調子もよくなっている。島原の乱の直前まで鬱状態で引きこもりがちであった。皮肉にも一揆が勃発し、これに対応したことが家光に活力を与えている。年寄衆からの説明を聞き、自ら尋問内容を示しているところに、この裁判にかける家光の意気込みを感じる。鍋島勝茂の返答は、次のようなものである。

有馬原城に二十七日に城乗りした事情を申し上げます。二の丸の出丸の一揆勢が明き退いていたので、上使の松平信綱殿・戸田氏鉄殿の命令で出丸の土手に鍋島勢の先手が押し寄せ、楯・竹束をもって占拠しました。ところが、一揆勢が二の丸の土手裏から鉄砲を撃ちかけ、横矢を強く打ってきたので、先手が反撃し、二の丸に乗り入り、小屋に火をかけました。先手を指揮していた鍋島元茂・直澄は若者なので、遠慮なく出丸から二の丸に乗り込みました。鍋島勢の先手が出丸から二の丸に乗り入ったのは、一揆勢と交戦するなかで生じたものであり、これが先き駆けといわれ、今もって迷惑しています。二十七日の城乗りは、かねてから企んでいたものではありません。その証拠に、先手の人数となったのは、その日の仕寄の当番の者たちであり、その他の軍勢は陣所にいました。

陣所の本隊は城乗りには参加していません。

鍋島勝茂が、くり返してきた主張である。何度も予行練習し、諳んじていた返答といってよい。

譜代筆頭、井伊直孝の尋問

次に、井伊直孝が尋ねた。譜代大名筆頭の彦根藩主である。大御所秀忠の死去に際し将軍家光の幕政顧問として付けられ、暫定的に別格の年寄として幕政にも加わっていた。松平信綱主導の軍法裁判にはもっとも批判的だった。

「これは私の個人的な尋ねである。世間では鍋島勢の目付役である榊原職直が出丸へ一番に乗り入ったといっているが、本当のことか」。肝心な尋問といえる。鍋島勢を監督する軍目付自らが出丸へ一番乗りしたということであれば、鍋島勢は榊原職直に先導される形で出丸から二の丸に進攻したことに通じるからである。世間の噂は正鵠をえている場合が多い。

この点は、榊原職直自身が、当時小倉に滞在していた松平信綱に出した釈明の書状において強調しているところである。榊原は、鍋島勝茂から懇願され釈明しているが、そこでは、せがれの職信ともども榊原勢が率先して一揆勢と応戦し、自身の下知で鍋島勢を進撃させたとしている。鍋島勢の主導性を弱める配慮もあるが、軍目付として配属されている自分の下知ならば、軍法違反にならないと読んでいたふしもある。

さて、井伊直孝から尋問を受けた勝茂は驚くべき答えを返している。「その場にいなかったので分からないが、そうだと思う」という返答している。正直かも知れないが、一国を代表する藩主の回答としては、いかがなものか。藩主たるものが戦闘の最前線にいるわけがない。それでも全軍の状況を把握し弁明するのが藩主たる鍋島勝茂の役目である。予想された尋問だけに、答え方が何とも頼りない。

勝茂が控えの間に戻り、元茂・直澄や重臣たちに審理の模様を報告すると、やはり、返答があやふやだった。緊張もしていたのであろう。井伊直孝の尋問の趣旨を誤解していることが分かった。そこで家臣の河浪勘左衛門を参考人として評定の場に出し、答えさせている。

河浪は、「お尋ねの城中への乗り入れは、出丸の土手かと思います。二十七日は出丸の土手を当方で固めることが目的でしたが、二の丸の土手の裏から一揆勢が激しく攻撃をしかけてきたので、榊原職直殿も出丸の土手を乗り越えて進まれた。正月元日の城攻めで上使の板倉重昌殿を見殺しにした経緯があるので、鍋島の先手が榊原殿を追い越し、二の丸へ乗り込み、小屋に火をかけました」と答えた。

そして勝茂は、口上では失念することもあるとして、事前に用意した弁明書を年寄に差し出している。午後一時ごろ、評定所での審理は終了している。徹夜で臨んだ裁判。長い一日だった。勝茂らは、六月二十六日の一日で評定所での審理は終わったものだと受け取っていたふしがある。ところが、酒井忠勝から再度の呼び出しがあった。鍋島方の返答に対して将軍家光が再び質問したからである。

家光、再度の尋問

六月二十六日の審理が終わると、年寄たちは城内の役間に戻り、それから家光のもとに向かい、裁判の模様を報告している。家光は、年寄の報告に質問している。家光の裁判に寄せる並々ならぬ意欲をうかがわせる。

二回目の裁判は、二日後の六月二十八日に開かれている。再度、将軍家光の尋問で始まった。家光の一日目の尋問はごく基本的な尋問内容だった。本来ならば、家光は最初の尋問でお役御免となるところであろうが、年寄衆から裁判のもようを聞いて、再度尋問している。

家光からの尋問は、「(二月)二十七日、一揆勢は鍋島勢によって二の丸の土塁から追い出されたのか」というものである。酒井忠勝は勝茂に、「こうしたことを、なお尋ねよとの上意である」と伝えている。

家光は、なかなかいい所をついている。家光の尋問について少し説明しておこう。二の丸の土塁とは、出丸の土塁を越えた幕藩軍の侵入をくい止めるために、一揆方が築いた出丸と二の丸の境の土塁である。鍋島方でいう「二の土手」のことである。鍋島勢が二の丸の土塁を越え、二の丸へと進攻し、一揆勢を撃退し追い払ったのであれば、鍋島勢が当初の目的を越えて、出丸から二の丸の内部に進攻する意図があったことに通じるからである。

鍋島勢が二の丸の内部に進攻し、一揆勢の小屋に火を付けたことは確かである。「鍋島勢は出丸を越え、二の丸に進攻しているが、それは一揆勢の攻撃に対応した偶発的なものか、最初から二の丸への進攻を意図していたものか」、というのが家光の質問の本音である。「そこらあたりを勝茂に尋ねよ」と家光は指示し、再度の評定所での審理となっている。

再度の審理

六月二十八日の評定所での審理も年寄衆の列座のもとで行われた。『江戸幕府日記』には、「御評定席において、大寄合」と記され、また、『徳川実紀』には、「評定所にて大会議あり」とある（『徳川実紀』）。「大会議」。この日に結審するだけに、幕府閣僚・幹部役人が列座していた。鍋島勝茂も大変である。この日、勝茂は評定の場に絵図を持参し、尋問に答えている。一日目を経験して少し慣れてきたのか、この日の勝茂には攻めの姿勢も感じる。

まず勝茂は、将軍家光の尋問に対して、「二の丸の土手が高く、一揆勢の人数は知れなかった。一揆勢は出丸には出てきていない」と答えている。勝茂は、鍋島勢には二の丸方面への進攻の意図がなかったことを言いたかったのであろうが、墓穴を掘る答え方である。

一揆勢が二の丸から出丸方面に出てきていなかったのであれば、出丸に仕寄（防御用の楯・竹束）を取りつけるという所期の目的を終え、そこで撤収すればよかった。ところが、鍋島勢が出丸での作業を終え、二の丸の高い土塁を乗り越えて進攻しようとしたことから、気づいた一揆勢と交戦となっていた。こうした鍋島勢の進攻の実情を吐露した恰好になっている。

勝茂の受け答えで目立つのは、軍目付であった榊原職直の存在の強調である。すなわち目付である榊原職直とせがれ職信が出丸の土塁を乗り越えて進もうとしたので、鍋島勢の先手は榊原を見殺しにはできないとして、榊原勢に追いつき、二の丸の土塁の一揆勢と交戦し、一揆勢を撃退して追撃したものであるとして、二の丸の土塁を越えての軍事行動も榊原職直・職信父子を援護する進撃であったことを主張している。

一日目の説明にはなかった主張である。小倉で松平信綱から糾弾された勝茂から泣きつかれた榊原職直が、松平信綱に送った釈明書にそった説明である。勝茂は、榊原職直の釈明に乗り、軍目付の指揮を前面に出す弁明戦術に出ている。同時に勝茂は、鍋島勢が一揆勢を追って二の丸を焼き、一揆勢を本丸に追い詰めたことも説明し、一番乗りも鍋島勢以外にはありえないとの口吻をみせている。

ここで井伊直孝が絶妙の尋問をしている。「鍋島勢は二の丸に乗り入ると、左手の小屋に火をかけ、やがてその火が回って一帯を焼き立てたと言っているが、世間では、左手の小屋に火をつけると同時に、右手の小屋にも火をつけたと言っているが、その通りか」と尋問している。

尋問が細かい点を突き始めた。井伊は「鍋島勢は左手だけでなく、右手の小屋にも火を付けたのか」と尋問している。一見、どうでもいいような尋問にも思えるが、そうではない。鍋島勢が二の丸の土塁を越え、二の丸に入るや、左手・右手双方の小屋を同時的に焼き払ったとすれば、鍋島勢が積極的な意図をもって二の丸になだれ込み、二の丸一帯を焼き払いながら、一揆勢を本丸方面に追い詰めたことを裏づけるからである。それは意図的、確信的な抜け駆けに通じる。

少し細かい説明をしておくと、榊原職直は、松平信綱に出した釈明書において、二の丸の小屋に火をつけたのは、左側が鍋島勢、右側が榊原勢と説明していた。尋問にあたる年寄衆は当然、信綱から提出された榊原の釈明書を検討しており、井伊直孝の左手・右手の尋問はこの点を問うたものである。あとは鍋島勢が左手の小屋に火をつけるのと、右手の小屋に火をつけるまでの時間についてのやりとりになっている。

井伊直孝は「とたん程」の間という言い方をしている。つまり、ごく短かい間の、ほぼ同時的な二の丸の小屋の焼き払いではなかったのか、と尋問しているのである。これに対して勝茂は、「茶の一服」を飲めるぐらいの間隔はあったと答え、少し余裕をみせている。勝茂は、二十七日の城乗りが決してたくんだものではないことを明言している。

そして酒井忠勝と土井利勝が、二の丸への進攻に関連した尋問している。出丸と二の丸の土塁をめぐる死傷者の状況である。これが最も核心に迫る尋問であった。勝茂の返答によると、出丸の内、二の丸の土塁の手前、土塁の先での死傷者が都合百七十人であるが、問題になるのは、その内訳である。

酒井忠勝と土井利勝が聞こうとしているのは、二の丸の土塁の手前と先では、どちらに死傷者が多いのか、ということである。鍋島勝茂は、「二の丸の土手の手前側の死者は二人です」と答えている。だとすると、出丸での死傷者はないに近いことから、鍋島勢の死傷者は二の丸の土塁を越えた二の丸のなかで生じていたことになる。

鍋島勢の死傷者が二の丸に集中していること、そして先の井伊直孝の尋問にみるように、鍋島勢が二の丸一帯を焼き払っていることからみて、軍法裁判にあたった年寄衆の結論はほぼ出ていたように思える。つまり、鍋島勢は、一揆勢の姿が見えない出丸の土塁を占拠し、防御施設を取りつけるという所期の作業を行うと、軍目付の榊原職直の下知を受けつつ二の丸の土塁に向けて進攻し、土塁を乗り越え、二の丸において一揆勢と本格的な交戦状態となった。そして、これに気づいた幕藩軍が総攻撃に移らざるをえない事態を招いた。こういう結論である。

鍋島家の記録によると、ここで年寄衆の尋問は終わっている。いいところにさしかかった所で、審理は終了した格好である。いずれにしても、二日にわたった軍法裁判の審理は終了した。

4　将軍家光の判決

ついに、原城戦争の軍法裁判に判決が下された。判決を下したのは将軍家光である。家光は、一度は特別表彰をした鍋島家にどのような判決を下したのか。

下された将軍家光の判決

二日目の審理は午前十一時ごろに終了し、年寄衆は登城している。家光は午後一時ごろ黒書院に出御しており、一連のお目見えのあとで、年寄衆から本日の審理について報告を受けたものと思える。

明けて六月二十九日、将軍家光の上意が列座した年寄衆に仰せ渡されている。将軍家光が下した軍法裁判の判決である。むろん、控訴などはない。判決、即、処分の確定である。仰せ渡しの場所は江戸城本丸の黒書院であろう。原告である松平信綱と戸田氏鉄はその席にはいない。

『江戸幕府日記』によると、家光は、今回の鍋島勢の軍事行動を、「上使に背き、制法粗忽の働きをした」と指弾し、榊原職直・職信父子を押し込め、鍋島勝茂を出仕停止としている。「制法」とは軍法のことである。「制法粗忽の働き」とは、鍋島勢の働きをもはや評価せず、「軍法を軽んじた、粗忽な行動だ」と断じている。「粗忽」という言葉に、家光の怒りがこめられている。鍋島勢を監督する立場にある軍目付の榊原父子の処分は重い。押し込めである。押し込めは刑罰の一種であり、役人監視のもとで屋敷の一隅に閉じ込められる。

鍋島勝茂の方は出仕停止である。出仕とは大名として勤務・奉公に出向くことであり、出仕停止とは将軍家への奉公の停止、現実的には登城の停止、屋敷から出ることの制限となる。事実上の閉門といえる。閉門は江戸屋敷の門を閉ざすだけで屋敷内での行動は自由であるが、屋敷内での謹慎・自粛の生活となる。鍋島家の自粛は国元にも及んでいる。それでも榊原父子の押し込めに比べると、格段に軽い。軍目付の榊原職直に引きずられた軍事行動とみなした処分内容といえる。

原告への判決の申し渡し

ついで家光の判決は、江戸城本丸の菊の間において、井伊直孝・土井利勝・酒井忠勝・阿部忠秋・堀田正盛の五人の年寄からの松平信綱と戸田氏銕に伝えられた。『江戸幕府日記』には、先の年寄衆への家光の判決の申し渡しの記述につづいて、「菊の間において、井伊直孝・土井利勝・酒井忠勝・阿部忠秋・堀田正盛が、松平信綱・戸田氏銕に上意の旨を伝えた」と記されている。

この記事からも、今回の軍法裁判は、松平・戸田の両上使が原告となって開かれたことを示している。幕府上使の松平信綱と戸田氏銕が原告となって将軍家光に提訴し、家光の命令を受けて年寄の五人が軍法裁判の裁判官となり、家光自身も尋問に加わり、最終的に将軍家光が、評定所での審理結果をふまえて判決を下したものである。

被告への判決の申し渡し

そして最後に、年寄衆の一人、酒井忠勝の屋敷において榊原職直・職信父子、鍋島勝茂に対し家光の判決が申し渡された。

鍋島家の記録も、将軍家光が、抜け駆けをした主君の勝茂よりも、軍目付の榊原職直の方に強い怒りをみせたことに多少の意外感をみせている。「軍目付を付けていながら、軍目付の方が抜け駆けを主導するとは何ごとだ」。家光の怒りが見えるようである。藩主勝茂に対する判決について、鍋島家の記録には次のように記述している。

鍋島勝茂も、先手の者がしでかしたこととはいえ、城中への先駆けを行っており、出仕を止めるようにとの上意を仰せ渡された。その時、井伊直孝殿が、「これは忝き上意を仰せ付けられたものである」と申されたので、拙者も「忝い上意をいただいた」と申し上げた。井伊殿は、「右の段は何れも年寄衆の讃談の上のことである」と申された。榊原職直は何とも申されなかった。

榊原職直は、ほぼ二年後の寛永十七年五月十一日にその罪を許されているが、幕府要職に復帰することはなかった。

幕府長老たちの敵意

鍋島勝茂への処分は予想外に軽いものであった。この事情について、井伊直孝が、「右の段は何も年寄衆の讃談の上にてのことである」と説明している。つまり、鍋島家の処分は、年寄衆が相談し、上様に申し上げたことで「忝き上意」となったというのである。

鍋島勝茂への処分軽減に向けて動いたのは、今回の裁判沙汰を引き起こした松平信綱に敵意を持つ長老たちである。井伊直孝・土井利勝・酒井忠勝の三人とみて間違いあるまい。この三人が鍋島勝茂について処分の軽減を図り、家光側近の年寄である堀田正盛・阿部忠秋に同意させ、年寄の総意として鍋島勝茂の処分の軽減を家光に願い出たものと思える。

鍋島家の記録をみると、判決を聞いて勝茂の方は安堵しているというか、サバサバしている印象を受ける。榊原職直の方は処分を聞いて相当な衝撃を受けたようである。当然であろう。軍目付になったばかりに、とんだトバッチリを受けた。長崎奉行は幕府閣僚への出世もある途上のポスト。前途が断たれたのである。

鍋島勝茂が酒井忠勝の屋敷で判決の申し渡しを受け、部屋を出ようとする時、榊原職直は一人ポツンと取り残されていた。放心状態だったのであろう。年寄衆に「押し籠めになりますが、屋敷は替わったほうがいいでしょうか」と尋ねている。

将軍家光は、松平信綱の説得を受け鍋島勝茂と榊原職直の江戸召喚を命じた時点で、両者を軍法違反で処分することを決めていた。あとは処分の内容である。

鍋島勢の城乗りが意図的であるかどうかは別にして、四ヵ月余を要した一揆の制圧、三ヵ月を要した原城の制圧が鍋島勢の軍事行動をきっかけに大きく動いたことは、まぎれもない事実である。また、戦場においては敵方の動きに対応した臨機の判断・行動も求められる。

これを軍法違反というだけで一律に裁いてよいのか。鍋島勢の軍事行動を軍法違反として厳しく処分すれば大名側からのさまざまな疑義も生じる。原城攻めで多大な犠牲を出したことに対する根元的な疑念も噴出しかねない。鍋島氏に同情的な見方も多い。

家光は、上使の定めた軍法違反という動かしがたい事実をもってけじめをつけ、監督役たる榊原職直の方を重く処罰することで、鍋島家の処罰に対する大名側の注目をやわらげた。鍋島家の家譜『勝茂公譜考補』は、「上意により、御帰宅の上、御門を閉じらる」と書き、裁判関係の記述を終えている。

判決申し渡しの翌日、寛永十五年七月一日、将軍家光は酒井忠勝の下屋敷に御成りをしている。前述したように、裁判が始まる前日にも酒井の下屋敷に御成りをしており、今回の御成りは裁判を主宰した酒井忠勝を慰労するためだったとみてよい。午後八時ごろ、家光は酒井の屋敷を後にしている。

5　同情を集める鍋島家

国替を申し出た鍋島勝茂

閉門中の鍋島勝茂は、幕府に対しひたすら恭順の姿勢を示した。閉門から一ヵ月近くたったころ、鍋島勝茂は驚くべき行動に出ている。熊本藩主の細川忠利が久留米藩主の有馬豊氏に宛てた寛永十五年八月四日付けの書状によると、勝茂は、幕府に国替か、父直茂の隠居領六万石の召し上げを申し入れていた、というのである。

藩主勝茂が、一部にあった「鍋島の処分は軽すぎる」という批判を気にし、根強い鍋島家の転封の取沙汰に配慮して申し出たという印象を受ける。

鍋島家の飛騨転封（国替）の取沙汰がなされたのは六月であり、その後も取沙汰はつづいた。「鍋島の処分は軽すぎる。飛騨あたりに転封してはどうか」といった取沙汰であろう。鍋島家をめぐって幕府中枢では、いまだきな臭い駆け引きがつづいていたことが想定される。鍋島勝茂は、やり手の父直茂と違い、やや神経質で生真面目な藩主だった。勝茂は、こうした幕府中枢からもれてくる取沙汰を受けて先の申し入れをしたのであろう。こうした勝茂の生真面目さが鍋島家を救ったのかも知れない。

有馬豊氏は、「鍋島殿は、いつも国替々と口にされるが、所の者が迷惑する」と語り、あまり本気にしていない。有馬豊氏の口ぶりでは、鍋島勝茂が国替を口にするのは今回だけではなかったようである。ともかく藩主勝茂は謹慎と恭順に徹していた。

鍋島勝茂は、閉門中の暮らしぶりについて、閉門から二十日あまり立った七月二十三日に国元の家老たちに書状を送っている。勝茂は江戸上屋敷の門を閉ざし、一歩も外に出ない暮らしぶりに徹していた。勝茂の書状によると、土井利勝・酒井忠勝・井伊直孝の三人が、これでは勝茂が病気になると心配して、下屋敷に出かけるぐらいは構わないと便宜を図っていたことを知らせている。勝茂は「これを以って万事を推測してくれ」と家老たちに伝えている。周囲も「見よき閉門」と評しているように、藩主勝茂は謹慎につとめた。

閉門中とはいえ、藩主勝茂の一番乗りに対する気概は衰えていない。七月二十三日付けの書状でも「原の城、我等一番であることは、この度の仰せ出しにて、いよいよはっきりした。江戸での批判は当然の首尾である」と語っている。

「今度の仰せ出し」とは、家光が下した判決のことである。「上様の裁断によって、当家の軍事行動が軍法違反とされたことは、鍋島勢が一番乗りを果たしたことを御公儀が認めたものだ」という論法である。鍋島単独の城攻め、この一点だけはどうしても譲れない、そういう執念がにじみ出ている。

閉門中は当然ながら外部との接触はきびしく制限されていた。九月六日、毛利家では重陽の呉服などに書状を添えて「夜に入り、ひそかに」持参している。しかし、鍋島側は「この節に付き」という理由で受け取りを遠慮している。鍋島家側の神経の遣いようがうかがえる。

また、熊本藩主細川忠利は城下の藤崎宮において鍋島家の無事を祈願している。それを知った鍋島勝茂・直澄父子は涙を流して感謝したという。細川忠利の父、八代城主細川忠興は、鍋島勝茂が幕府の江戸召喚を拒み、「叛乱」と受け取られるような万一の事態も危惧していたが、「叛乱」など夢想だにしないような恭順ぶりである。島原の乱、原城戦争を経過して、幕府と藩の関係が安泰期に入ったことを実感する。

大久保彦左衛門の大口上

大久保彦左衛門忠教といえば、俗に「天下の御意見番」として知られている。その気骨・気概は天下に知れ渡っていた。彦左衛門は、幕府に軍法法廷が開設されたころ、年寄衆の集まりの場に出向き、軍功ある大名を裁き処罰することの不当さを申し立てている。確かに幕閣などに遠慮せず、口上を述べうる存在感は「天下の御意見番」という名にふさわしい。

大久保氏は徳川（松平）家譜代の由緒正しい名族であり、一族の過半が主家に殉ずる忠節・勲功を重ねてきたが、知行面で冷遇された。そして大坂の陣後、元和偃武の時代風潮のなかで徳川譜代の存在が軽視されることを慨嘆する彦左衛門は、家訓の意味もこめて『三河物語』を著している。

この気骨の老武人は、原城攻めで抜きんでた軍功を立てながら、軍法を破ったということで処罰され、また、戦場という修羅場でこうした形式主義がまかり通る政道に我慢ならなかった。

齢七十九歳になる彦左衛門は江戸城に乗り込んでいる。鍋島家の家譜『勝茂公譜考補』によると、大久保彦左衛門は年寄衆の「列座の中」に出向き、口上を吐いている。大久保彦左衛門は翌年の寛永十六年（一六三九）に八十歳でなくなっている。死去する直前まで直言居士としての面目躍如の言動をとっていたことになる。彦左衛門の遺言というべき口上を現代文で示しておこう。

この度、鍋島に罪をきせるのは不当である。現在の軍法は「茶の湯の軍法」である。なんとなれば、茶の湯の集まりは、明朝、何時に茶を進ぜるので、その刻限に御出でくださいと案内する。そこで客も刻限を違えず、前もって沐浴し、新しい衣装に着替えて参ることになる。これがただ今の軍法であり、城乗りの刻限をきめるがごときである。総じて戦は、刻限を取り決めると、勝利はえがたい。いにしえの名将も不意の計略を戦の第一としている。鍋島は敵のすきを見、城を落とす攻め口と判断し、即座に攻撃し、二の丸を乗っ取った。これを軍令に背いたとして咎めれば、一揆勢が原の古城に籠城しているのに、九州から大勢を動員しても年を越しても落城させていない。ようやく鍋島が先乗りして落城した。もし、今、鍋島にお咎めがあり、国元が叛けば、追討の軍勢を差し向けねばならない。鍋島は武門の大名で、譜代の家臣も多い。町人・百姓も家臣の被官筋だと聞いている。しかるに例の軍法を守り、攻めても中々落ちないであろう。そうした時に、攻め手の軍勢のなかで、武道に心掛けがある将士が、諸手をおいて抜け駆けし、これを、軍法を背いたとして征伐していれば、天下大乱の基となろう。

大久保彦左衛門の長い口上が終わった。居ならぶ幕閣も口をはさまず、この大先達の口上を黙って聞いている。幕閣たちも共感できる口上でもあった。「御老人、よくぞ言ってくれた」、というが多くの閣僚の本音であったろう。井伊直孝などは両手を合わせながら老武人を迎えた。最後に彦左衛門が言った。「これは、彦左衛門、私の申し分ではない。ひとえに権現様の御託宣である」。神君家康以来の譜代の老武人の口上であった。

鍋島家の家譜『勝茂公譜考補』によると、大久保彦左衛門の大口上のあと詮議の風向きが変わり、「重きお咎めなきに相決した」とある。

天海僧正の赦免申し入れ

判官贔屓もあろうが、鍋島家を擁護する声は少なくなかった。「加賀百万石」の金沢藩主前田利常もその一人である。加賀は一向一揆の活発化した時代、「百姓（門徒）の持ちたる国」となった経緯があり、利常は、島原の乱が起きると、領国を固めるように指示を出したことで知られている。

その利常が、江戸城中の年寄衆の寄合の場に出向き、「明日にでも乱が起り、島原の乱のように落城させることができない時、軍令に背くことになるが、城が落とせるチャンスに遭遇すれば行動する」と言い放ったという。先の大久保彦左衛門の口上と同じ趣旨といえる。

また徳川御三家の一つ、和歌山藩主の徳川頼宣や、将軍家光の政治顧問で、徳川家の廟所である東叡山寛永寺の初代住持の南光坊天海も再三、家光に処罰の軽減を申し入れた。鍋島家の家譜『勝茂公譜考補』には、「上様へ再三、処罰の軽減を申し入れられ、不慮の大難を免れることができた」とある。鍋島家の飛騨転封の取沙汰がなされた際にも、天海は動いてくれた。

天海は、鍋島家の閉門後も家光に早期の赦免を申し入れている。天海は、まず寛永十五年十一月三日に登城し、「天下のために大功ある家を、逆にお咎めあるは不当である。早く赦免あるべし」と家光に申し入れた。天海は御三家の和歌山藩・名古屋藩と連携して、翌日も申し入れを行っている。

そして、埒があかないと見た天海は、十二月十七日、家光に拝謁を求め、「そろそろ鍋島家を赦免しないと、万一の時、誰が天下のために難に立ち向かうだろうか。よくよく御深慮ありたい」と言上し、さらに、十二月二十八日にも登城して、幕府年寄に「これ以上、鍋島家の赦免を延ばすのは、不当である」と申し入れた。幕府年寄とは、この年の十一月七日にスタートしていた松平信綱ら新執行部のことである。鍋島家の閉門が解かれるのは、翌日のことである。

鍋島勝茂は天海に深い恩義を感じた。四年後の寛永十九年（一六四二）六月十七日、参勤から帰国する際、勝茂は上野寛永寺の東照宮に参詣し、天海に山中での一寺の建立を願い出た。これが後の東照宮一乗院である。

こうした鍋島家に同情するような風向きのなかで、松平信綱は、あくまでも「御軍令のしまり」を理由に厳罰を主張した。先の鍋島家の飛騨転封の取沙汰もこうした鍋島家処罰をめぐる対抗のなかで出てきたものと思える。結局、趨勢としては処罰の軽減化に進み、最終的に家光が判断して「重きお咎めなき」との裁断となった。

第六章　江戸幕府　寛永の政変

原城戦争の軍法裁判の開設をめぐって火がついた幕府中枢の政治抗争は、その後、半年にわたってくり広げられた。そして寛永十五年十一月七日を迎えた。

松平信綱を中心とした将軍家光側近の閣僚が、大御所秀忠の時代からの政界のドンに引導を渡す政変の日を迎えたのである。家光側近の閣僚が幕政を掌握した瞬間であり、幕府の大改造の始まりだった。

1　幕府最長老への引導

土井利勝の駿河転封の画策

原城の落城から三ヵ月後、寛永十五年（一六三八）六月、幕府の最長老、土井利勝の駿河転封（国替）が取沙汰される。駿河、現在の静岡県の中央部への転封の取沙汰である。当時江戸にいた政界情報通の熊本藩主細川忠利が、父の忠興に知らせたものである。

実は、土井利勝の転封は、一年前の寛永十四年五月ごろにも取沙汰されていた。将軍家光の鬱病が深刻化し、引きこもりがつづいた時期である。かつての政界の大立者、年寄の土井利勝は当時の家光政権では問題の人物だった。将軍家光と土井利勝はお互いが避け合っていた。また、土井とならぶ長老の酒井忠勝とは、ますますソリが合わなくなり、年寄たちの不和を招いていた。家光政権にとって、家光のやまいと土井利勝の存在は大きな不安要因であった。

土井利勝の駿河転封は、家光との確執がひどい土井を遠ざけることで、家光の神経をやわらげ、幕府改造計画の起爆剤にしようと画策されたものである。一年前は具体的な転封先は表面化していなかったが、今回は駿河と明示されている。取沙汰はかなり具体性を帯びたものであった。

土井利勝は下総の古河藩主である。古河城は現在の茨城県古河市に位置する。駿河は家康ゆかりの地とはいえ、江戸からは遠い。転封のねらいは明らかである。土井利勝の駿河転封が取沙汰された寛永十五年六月といえば、原城攻めの軍法違反で佐賀藩主鍋島勝茂が幕府の軍法裁判にかけられ、閉門処分を受けている。そしてこの時期、鍋島勝茂にも飛騨（現・岐阜県北部）転封が取沙汰されている。

土井利勝。将軍家光の父、秀忠の将軍・大御所の時代、「大炊殿（土井利勝）一人」といわれた政界の大立者も、家光政権のもとでは影響力にも陰りがみえ、頼る大名も少なくなっていた。そこに原城攻めで抜きんでた働きをした鍋島家が頼ってきたのである。土井利勝は鍋島勝茂の依頼に応えた。鍋島家の軍功を称えた将軍家光の特別表彰を引き出し、松倉氏改易後の島原藩領の加増に向けて動いた。

ところが、鍋島家の軍法違反を問題視し、軍法違反の鍋島家に家光の特別表彰状を与えたことを黙認しない幕府閣僚がいた。松平信綱は、原城の制圧に政治生命をかけ、家光の「軍勢を損なうな」との指示を守り、慎重な包囲策をとって幕藩軍の一斉攻撃による原城制圧を考え、総攻撃の軍法を取り決めていた。信綱にとって、鍋島勢の結果オーライ的な抜け駆けは許しがたい背信行為だった。江戸の留守政府は、その鍋島家に早々に将軍家光の特別表彰状を与えた。その中心人物が土井利勝だった。

寛永十五年六月前後、転封の取沙汰は土井利勝と鍋島勝茂に限られている。土井利勝には一年越しで転封の取沙汰が浮上し、鍋島勝茂はこのあとも断続的に転封が取沙汰されている。松平信綱の周辺では本気で土井利勝と鍋島勝茂の転封を探っていたとみてよい。

消えた土井利勝の政略プラン

原城落城後、処罰される松倉氏のあとの島原藩をどうするか。島原藩領は、幕府が重要性を増した九州戦略の青写真をつくっていくうえで焦点となった。原城攻めの過程で幕府は、島原城に城番の大名を送っており、松倉氏の改易は既定の方針であった。

島原藩をどうするか。誰を置くか。これは重要な政治案件となる。土井利勝が推したのが、佐賀藩鍋島氏である。先に述べたように、家光側近の堀直寄は、佐賀藩主鍋島勝茂に送った寛永十五年三月十四日付けの書状において、「島原も多分貴殿に御加増になると存じます」と伝えている。将軍近臣の太田資宗が江戸を立ち、九州に向かう三月十二日の時点では、鍋島家に島原藩領を加増する方向が有力だったとみてよい。外様大藩の佐賀藩をさらに大藩化させる方策である。

しかし、この土井利勝の目論見は間もなく消えている。『江戸幕府日記』によると、寛永十五年四月七日、将軍家光は浜松藩主の高力忠房を城に呼んでいる。島原藩への転封の内意を伝えるためである。

転封の場所が場所である。わずか五千石の加増で徳川氏ゆかりの浜松から島原へ。藩領の南部は領民が殲滅され、亡所と化している。しかし、高力氏に家光から示された案件を拒否する選択肢はなかったといってよい。一応、高力忠房に判断の余地を与えつつ、事実上、家光の転封命令であった。高力忠房が正式に島原転封を命じられるのは、七日後の四月十四日である。

土井利勝が推していた、佐賀藩鍋島家への島原藩領の加増の方針は消滅した。四月七日の高力氏への島原転封の内示までに何があったのか。いずれにしても寛永十五年三月下旬から四月初旬の時期に、土井利勝が推していた佐賀藩鍋島家への島原藩領の加増の線は消えている。そして幕府中枢は、一揆の主要地盤となり、長崎に近い島原藩領には譜代大名を配置する方針を決定した。

九州の有力外様大名で、今回の原城攻略で抜群の軍功をあげた佐賀藩鍋島家に島原藩領を加増するという土井利勝の提案は一時有力であった。しかし、潮目は変わった。九州に豊前小笠原家につづく譜代大名を設置し、長崎に隣接する島原半島と天草諸島は譜代大名で押えるという幕府の九州戦略が、土井の提案を抑え込んだとみてよい。幕府は、天草についても唐津藩寺沢家から天草領を没収し、譜代大名の備中成羽藩主山崎家治を配置することにした。

高力忠房が島原藩に転封になったあと駿河の浜松藩が空く。土井利勝の駿河転封の取沙汰が浜松藩がらみで浮上したかというと、そうではない。幕府は、四月二十五日に浜松藩には譜代の美濃岩村藩主松平乗寿を配置することを決めている。

やはり中央政局が動くのは、松平信綱の江戸帰着（五月十一日）のあとである。信綱の江戸帰着後、軍法裁判の開催が現実の政治日程になった寛永十五年六月に中央政局の動きは加速し、幕府の九州戦略の目玉として佐賀藩の存在が浮上する。

幕府は、国家戦略として、今回の一揆の地盤となり、長崎に隣接する島原半島、天草諸島を譜代藩領で固めることにした。そして、同じ肥前の大国・佐賀藩も譜代藩とする。こうした幕府の九州戦略が松平信綱の周辺で構想されていたのである。

2　「第二の加藤家」処分の画策

幕府最長老の土井利勝の駿河転封が取沙汰されるころ、佐賀藩鍋島家の飛騨転封の話しがもち上がっている。鍋島家の転封の取沙汰は起るべくして起きた。原城総攻撃に際して、出陣した諸大名は、幕府上使との間で「抜け駆けを禁じる。違反すれば改易にする」との誓約を取り交わしていた。抜け駆けの鍋島家に改易・転封の話しが出てきても不思議ではない。ある意味では、当然のなりゆきだった。

松平信綱の周辺では、佐賀藩を譜代藩とする、長崎の周辺を譜代藩と幕府領で固める方策を軸とした九州戦略が画策されていた。

鍋島家の飛騨転封の動き

幕府が、佐賀藩主鍋島勝茂と長崎奉行榊原職直に対し江戸召喚命令を出すころ、江戸表において鍋島家の飛騨国への転封が取沙汰されている。先にみたように、この時期に土井利勝の駿河転封も取沙汰されている。火元はいうまでもあるまい。松平信綱の周辺である。江戸城には策謀と暗闘がうずまいていた。

飛騨転封だけではない。鍋島家には出羽国（現・山形県・秋田県）への転封の話しも出ていた。鍋島勝茂の嫡男（庶嫡男）、小城藩主鍋島元茂の『御年譜』に、「このごろ江戸の風説によると、勝茂が上使の軍令に背き城攻めしたことを、伊豆守（松平信綱）が深く憤り、領国を召し上げ、遠島にするとも、勝茂の配所（改易後の居住先）が出羽国に決まったとも、ささやかれている」と書いている。出羽庄内藩には松平信綱の長女が嫁いでいる。ありえない話しではない。信綱周辺では本気で鍋島家の転封が画策されていた。

鍋島家の飛騨転封の取沙汰を明らかにしているのは、大坂町奉行の曽我古祐である。当時、曽我は役目で江戸に滞在していた。曽我古祐は、大坂城代の阿部正次以下、大坂駐在の幕府幹部に宛てた寛永十五年七月一日付けの書状のなかで、このニュースを知らせている。七月一日というと、将軍家光が、鍋島勝茂・榊原職直に対し軍法裁判の判決を下した翌日である。

曽我古祐は、鍋島勝茂の処罰が予想外に軽く済んだことを喜ぶなかで、実は鍋島勝茂に飛騨への転封の噂が流れていたことを明かしている。曽我の書状には、「鍋島殿、前廉は飛騨に御はね有るべく由、下々取沙汰仕り候処」とある。曽我は「はね」という表現を使っている。「鍋島を軍法違反の罪で飛騨へはね飛ばす」、「佐賀から遠くに飛ばす」というひびきが感じられる。

鍋島勝茂の身上は、本当に一時危うい状態にあったのである。しかもこの時期に、幕府最長老の土井利勝の駿河転封も浮上していた。軍法違反問題を通して、大掛かりな政治的なたくらみが進行していたことを想定させる。単なる転封の取沙汰でなく、鍋島家の転封の先が出羽国とか、飛騨国とか特定されているのもリアルである。

当時の飛騨国には、藩領としては金森重頼の高山藩しか存在しない。同藩の石高は三万八千八百石である。それ以外は幕府の直轄領、天領であった。転封も双方の大名を動かすとなると大変なことになるが、天領となると手持ちの幕府の領地である。やろうと思えばできる。

当時の佐賀藩の石高が三十五万七千石である。幕府が、天領を重点的に配置した関東に近い飛騨国において、佐賀藩と同等クラスの外様大藩を設定することはない。鍋島家を飛騨に「はね」る際には、大幅な領地の削減が意図されていたはずである。つまり、鍋島家の飛騨転封は、領地高の大幅削減を前提に改易に近い形で工作されていたのである。

鍋島家は、本当に、一時、危なかったといわざるをえない。同時に、鍋島家の処罰の程度をめぐって幕閣の暗闘がくり広げられ、大坂町奉行の曽我古祐が「かたじけなき上意」と書いているように、最終的に家光が井伊直孝や酒井忠勝の強硬な申し入れを受け入れて、処罰を緩める裁断を下したことで鍋島家の危機がひとまず回避されたことを推測させる。

画策されていた「第二の加藤家」処分

将軍家光のもとで、「鎖国」に向けた国家の進路が明確化されていく時期に、九州の外様大藩の改易・転封が画策され、現職の長崎奉行が罷免されている。それは、六年前の政治状況を思い起させる。

六年前の寛永九年（一六三二）一月、将軍家光の父親、大御所秀忠が死去し、家光による将軍政治が開始されるに当って断行された、熊本藩加藤家の改易と長崎奉行の豊後府内藩主・竹中重義の罷免・切腹という政治状況である。

六年前、将軍家光は、「御代始めだから、きっと申し付ける」と言い放ち、加藤家の改易を断行した。原城戦争の軍法裁判は、期せずして「御代始め」の再来、「第二の加藤家」処分の政治状況つくり出している。松平信綱が、原城戦争後、政界戦略をめぐらす直接の契機となったのは、土井利勝が、軍法違反の鍋島家に島原藩領を加増する方向で動いているということを聞いたことにあったものと思える。島原の乱の当事者である松倉家と寺沢家は処分を受ける。島原藩、唐津藩天草領、そのうえに佐賀藩を加えれば、長崎の周辺地域に巨大な処分の跡地ができる。広く西国（西日本）を見廻してもまだ幕府領・譜代藩領は少ない。九州ではさらに少ない。

この巨大跡地を国家戦略として有効活用すれば、幕府の西国・九州統治、長崎を中心とした外交体制を整備していくうえで、はかり知れない意味を持つ。松平信綱を中心とした家光側近の頭脳集団は、幕府改造計画に向けて知恵をしぼっていた。

軍法裁判の設置につぐ、松平信綱の政界戦略の第二弾が、土井利勝の駿河転封、鍋島勝茂の飛騨転封であった。鍋島家は、土井利勝の周辺で進められていた島原藩領の加増から、飛騨への転封へと大きく身上が振幅することになる。

鍋島家の転封先が飛騨国というのもリアルである。前にも書いたように、当時の飛騨には、相応の藩領となるのは金森重頼の高山藩しか存在しない。鍋島家の飛騨転封は、領地高の大幅削減を前提に検討されていた。仮に高山藩並みの石高（三万八千八百石）しか認められないとすれば、それは鍋島氏への堪忍料のみを認めた、事実上の改易に近い。

当時江戸に滞在していた大坂町奉行の曽我古祐は、鍋島家の転封の取沙汰を、「飛騨に御はね有るべき由」と書状に書いているが、鍋島家を飛騨に「はね」たあとの佐賀藩をどうするのか。考えられるのは、豊前の小笠原家（小倉藩・中津藩・豊後杵築藩）につづく大型の譜代藩の設置である。

将軍家光は寛永九年一月、大御所秀忠が死去し、やっと将軍独自の政治がやれるようになった時、「御代始めだから、きっと申し付ける」と言い放ち、加藤家の改易を断行し、九州の地に初めて本格的な譜代大名を進出させた。鍋島家に関して、松平信綱ら将軍側近閣僚がねらっていたのは、「第二の加藤家」をつくり出すことであった。

加藤家は理由らしき理由が明確にされないまま、「御代始め」をスローガンに改易が強行された。しかし、今回は明確な理由がある。鍋島家は軍法違反の軍事行動をした。原城総攻撃に際して、大名は「抜け駆けを禁じる。違反すれば改易にする」との誓約を取り交わしていた。藩主の誓約は絶対である。戦場での軍法と誓約にもとづいて鍋島家を改易する。加藤家を改易した将軍家光の強権をもってすれば可能だった。原城攻略で大軍功を立てている大名家を改易にすることに多少の抵抗があるとしても、鍋島家を大幅な領地削減の上で遠くに「はね」る。これはできる。加藤家改易に等しい政治効果がある。そして佐賀藩は広大な可処分地となる。

原城戦争後の戦後政治において、九州の重要性は格段に増している。早晩取り組まざるをえない南蛮との外交日程と併行して、長崎の周辺地域に大型の譜代藩を創設し、幕府領の長崎、譜代佐賀藩、譜代小倉藩を結ぶ幕府の九州支配の政治ラインをつくり出す。

そして戦後、軍事的なテコ入れを意図している上方（大坂・京都）の幕府機関と結べば、首都の江戸、上方、長崎周辺地域を結ぶ幕府の全国統治の幹線ベルトが強化される。こうした外交日程をにらんだ九州戦略の青写真が、ひそかに実現に向けて画策されていたのである。

暗闘の構図

幕府中枢でくり広げられた暗闘の中心は、松平信綱と井伊直孝・土井利勝・酒井忠勝の対立である。暗闘は起こるべくして起こった。

松平信綱が原告となって起こした軍法裁判は、信綱が江戸を離れていた時期、留守政府の長老の年寄衆が中心となって決定した鍋島家の特別表彰を全否定し、その政治責任を問う政治行動でもある。しかも軍法裁判は、留守政府の年寄衆を裁判官にし、被告となった鍋島家を裁かせようとしたものである。将軍家光の側近閣僚である松平信綱・阿部忠秋・阿部重次の三人が裁判のおぜん立てをし、井伊直孝・土井利勝・酒井忠勝の三人を裁判官にして審理させている。軍法裁判そのものが暗闘の構図であった。暗闘の火花は先に見た軍法裁判の判決によく示されている。

井伊直孝は、鍋島勝茂に家光の判決を伝える際に、「処分が軽くなったのは、われわれが相談して上様に申し上げたからだ」と説明している。井伊直孝・土井利勝・酒井忠勝の三人が、鍋島家の処分の軽減に向けて結束して動いていた。土井利勝と酒井忠勝の仲の悪さはひどかったが、松平信綱への敵意という点では歩み寄っていた。土井と酒井の間を取り持ったのは井伊直孝とみてよい。

閉門となった鍋島勝茂は、国元に宛てた寛永十五年七月二十三日付けの書状において、井伊・土井・酒井の三人が格別配慮してくれているとして、次のように申し送っている。

井伊掃部殿・土井大炊頭殿・酒井讃岐守殿には別して懇ろにしていただいている。われわれが外にも出ることができず、気詰まりで病気になってはと心配され、下屋敷に出かけて休息されてはどうかと心配していただいた。

軍法裁判から一ヵ月、井伊直孝・土井利勝・酒井忠勝の三人は、「伊豆がにくい」という点で結束し、家光側近閣僚との暗闘を深めていった。当時江戸にいた熊本藩主細川忠利は、寛永十五年九月一日付けの書状で、「御老中の間柄、不和の由」と書いている。

3　寛永十五年十一月七日の政変

こうして、寛永十五年十一月七日を迎えた。将軍家光の周辺でひそかに周到に進められてきた政変の日である。そしてまた、安定した幕政運営をめざす幕府大改造の幕開けの日でもあった。

江戸城黒書院での仰せ出し

将軍家光の周辺では、松平信綱を中心とした側近閣僚のもとで将軍側近勢力による幕政の掌握、幕府の大改造がめざされてきた。その大義名分となったのが、将軍家光が、自ら下した判決で明白となった鍋島家の軍法違反、その鍋島家に将軍家光の特別表彰状を出したという幕府長老たちの政治責任である。

鍋島家の軍功を絶賛し、将軍家光の特別表彰の文書を引き出し、鍋島家に島原藩領を加増する方向で動いていた政治責任の追及が、家光政権の水面下で進行した。この一端がにしなくも政界のドン、土井利勝の駿河転封の取沙汰という形で表出したものといえる。

駿河転封は、土井利勝に政界引退を求めたアドバルーンだった。土井利勝には、ほぼ一年半前にも転封の取沙汰がなされていた。今回は駿河と明示された転封の噂である。神君家康ゆかりの駿河であれば土井利勝も受けるかも知れない。あるいは状況を悟り、引退を申し出るかも知れない。そうした思惑を感じる。

当初のねらいは土井利勝だけだったのかも知れない。土井の駿河転封の取沙汰が立ち消えになっているように、土井利勝の側から巻き返しがあったことも想定される。

譜代大名の筆頭で、別格的な年寄としての役目も果たしている井伊直孝は、軍法裁判が幕府に持ち込まれたあたりから松平信綱への批判を強め、信綱憎しとの立場から、犬猿の仲だった土井利勝と酒井忠勝の仲を取り持った。

こうして信綱周辺では、鍋島家への特別表彰状の政治責任を名分にしつつ、土井利勝に酒井忠勝を加え、両長老を政界の一線から退かせ、これを機に幕府政治の大改革をめざす動きが進行している。

松平信綱が江戸に戻って半年間、将軍家光の周辺では静かに、そして周到に準備が進められてきた。

そして、この日を迎えた。寛永十五年十一月七日。場所は江戸城本丸の黒書院である。

寛永十五年十一月七日の「午の上刻」というから午後一時ごろ、将軍家光が、江戸城本丸における政務の場、黒書院に出御した。そして年寄と若年寄（六人衆）が召し出されていた。

この日の『江戸幕府日記』によって召し出された年寄・若年寄を記載順に示すと、井伊直孝を筆頭に、堀田正盛、土井利勝、酒井忠勝、松平信綱、阿部忠秋、土井利隆、酒井忠朝、三浦正次、阿部重次、朽木稙綱とつづいている。召し出されたのは以上の十一人である。

十一月七日現在の幕府閣僚である。別格の井伊直孝を含めて、堀田正盛・土井利勝・酒井忠勝・松平信綱・阿部忠秋の六人が年寄（老中）、土井利隆・酒井忠朝・三浦正次・阿部重次・朽木稙綱の五人が若年寄である。土井利隆と酒井忠朝は、それぞれ土井利勝と酒井忠勝の嫡男である。

まず、将軍家光から次の仰せ出しがあった。むろん、家光が直々に仰せ出したものでなく、側近が家光に代わって口上したが、将軍が仰せ出したという命令の形態をとっていることが重要である。全部で四つの箇条が仰せ出された。まず、最初の二ヵ条である。

○大炊頭（土井利勝）・讃岐守（酒井忠勝）は、今まで仰せ付けられていた細かな役目は赦免し、毎月の朔日・十五日に出仕せよ。その間にも御用がある時は登城し、年寄衆と相談せよ。

○遠江守（土井利隆）・備後守（酒井忠朝）は御役御免とする。

将軍家光は、土井利勝・酒井忠勝の二人の長老に対して「細かな役目」を赦免し、毎月、二度登城し出仕するように命じている。松平信綱を中心とした将軍側近閣僚によって周到に進められてきた政変が、将軍家光の仰せ出しによって明確になった瞬間である。

幕府最長老の解任

一見すると、幕府長老の二人には「細かな役目」、政治の雑務から解放し、重要な役目、大事に当ってもらうような響きもするが、大事なのは、二人の通常の幕府への出仕を毎月の朔日と十五日の二日だけに限定していることにある。つまり、「細かな役目」とは年寄としての政務ということであり、これを赦免するということは、年寄を解任するということを意味している。土井利勝と酒井忠勝は、年寄という幕府の政治体制の最高ポストを解任され、月に二度出仕する非常勤の特別顧問・相談役的な役職に就かされたのである。

家光の仰せ出しの「毎月の朔日・十五日に出仕せよ。その間にも御用がある時は登城し、年寄衆と相談せよ」という部分を原文で示すと、「朔日・十五日出仕致すべし。その間にも御用の時分まかり出、何れも相談致し、油断仕りまじく候の由、これ仰せ出さる」とある。「何れも相談致し、油断仕りまじく候」とあるが、この二人が「相談」にのる相手とは、新しい幕府執行部、家光側近で占められることになる年寄衆のことである。

この日、土井利勝・酒井忠勝の年寄解任にともなって、若年寄の阿部重次が年寄に昇格したのは、この解任劇、閣僚人事を象徴している。土井利勝・酒井忠勝を更迭して、阿部重次を入閣させるということである。新しい幕府執行部は、松平信綱・阿部忠秋に阿部重次を加え、実質的にこの三人で構成されることになった。このほか堀内正盛がいるが、病気がちであった。

家光は、従来の年寄と区別して、「老中」と呼ばれつつある新しい三人の年寄に対し、大事なことは、幕府の特別顧問になってもらった二人の大先輩によく相談し、油断なく幕政の運営に務めてもらいたい、と仰せ出したのである。大先輩に相談するかどうかは、新執行部が判断することだった。

江戸城黒書院における将軍家光の寛永十五年十一月七日の仰せ出しは、幕府最長老の解任、家光側近の閣僚による幕政掌握を宣言したものといえる。この解任人事の本質は、父親とともに、当時二十歳であった若年寄の土井利隆・酒井忠朝が、同時に解任されているところにも示されている。

そしてこの寛永十五年十一月七日をかわきりに、翌月にかけて家光の仰せ出しがつづき、幕府の大改造が実行されている。幕府改造計画は、松平信綱を中心とする家光側近閣僚によって周到に準備され、その幕開けを告げるのが、土井利勝・利隆父子、酒井忠勝・忠朝父子の解任劇であった。それはまた、松平信綱の江戸帰着後、半年余りつづいた幕府中枢の政治抗争の一つの帰結であった。

現実的には、土井利勝と酒井忠勝とでは将軍家光との関係は大きく異なる。酒井忠勝は、その後も幕府の特別顧問として重用されていくが、基本的には長く幕政運営に君臨してきた二人の長老を、幕府の正式ポストから解任し、松平信綱を中心とした新しい幕府執行部の顧問・相談役というべき非常勤の特別職に退かせたところに、この日の閣僚人事の本質がある。

『江戸幕府日記』によって、この解任劇直前の将軍家光の行動をみると、家光は、二日前の十一月五日に、「明日、堀田加賀守（正盛）の屋敷に御成りをする。立花立斎（宗茂）と井伊掃部（直孝）に御伴をさせよ」と仰せ出している。そして家光は、翌日（十一月六日）、午前九時ごろに堀田正盛の屋敷の数寄屋に御成りをしている。お茶席に相伴したのは、別格の年寄の井伊直孝と柳川藩主で最近入道となった立花立斎（宗茂）である。

実は、もう一人、相伴に呼ばれた人物がいた。土井利勝である。先に示したように、前日、お伴を命じられているのは井伊直孝と立花立斎である。そして当日、土井利勝がお茶席に相伴しているということは、家光の御成りが、堀田正盛の屋敷に土井利勝を招くことが主目的であったことをうかがわせる。

堀田正盛は家光側近閣僚の最高位にある。病弱ながら、この年の春、加増されて松本藩十万石を拝領していた。堀田は、松平信綱などの側近閣僚とは一線を画している。井伊直孝は本来、譜代筆頭の彦根藩主であり、暫定的に年寄的な役割を果たしていた。家光は、土井との関係でカドが立たない井伊と堀田、それに茶人でもある立花立斎というメンバーのもとで土井利勝をお茶席に呼んでいた。

家光は、長く幕政の中枢を担い、自身とは確執も多かったこの老政治家を慰労する場を設けた。同時に、堀田正盛を通じて「明日、酒井忠勝ともども年寄の職を解く」との内意を伝えたものと思える。

お茶席に、ソリの合わない土井利勝と酒井忠勝を同席させるわけにもいかない。前日のお茶席に土井利勝だけ呼ばれているところからみても、翌日の年寄解任劇の主目的は土井利勝であった。しかし、土井一人を辞めさせれば、土井利勝が反発するだろうし、何よりも新執行部をつくり、幕府の大改造を進めていくには、幕府最長老の二人を除く必要があった。こうして翌日、土井利勝・酒井忠勝の二人の同時解任となる。

連座させられた息子たち

土井利勝と酒井忠勝という幕府最長老の解任劇を象徴しているのは、やっと二十歳となり、これからという前途ある二人の閣僚が父親と同時に解任されていることである。若年寄の土井利隆と酒井忠朝である。

三年前、将軍家光が、大御所秀忠の時代以来の長老たちを排除しようにも、なかなかできず、年寄衆の権限を分割し、若年寄（六人衆）などに幕政の権限の一部を与えようとした際に、土井利隆と酒井忠朝は若年寄の一員として登用された。

二人はともに十七歳であった。今でいえば、高校生が政府の閣僚となっている。七光り人事であったが、この時点では、若い二人は近い将来、父親の跡を受けて幕政の中枢に入ることが予定されていた。

松平信綱もそのように考えていた。だから信綱は、土井利隆が若年寄に抜擢されると、次女を利隆のもとに嫁がせている。

その意味でも島原の乱が起り、松平信綱が一揆征討の上使に任命されたことが、全てにわたって転機となっている。信綱が、原城戦争を通して政治的地歩を大きく飛躍させ、幕府に軍法裁判を開設させたことが、信綱ら家光側近閣僚と幕府長老たちの政治抗争を生み、土井利勝・酒井忠勝という二人の大物の解任劇となった。土井と酒井の解任劇が前途ある若者に及んでいるところに、暗闘の根深さを見る思いがする。

松平信綱にとって土井利隆はむすめ婿にあたる。信綱にとっても内奥はあったろう。しかし、最終的には私情を捨て、土井父子、酒井父子をともに解任するという大ナタを振るっている。土井利隆と松平信綱の次女、亀は、その後離婚している。

土井利隆と酒井忠朝。二人ともその後政界に復帰することはなかった。両人は、ともに元和五年（一六一九）生まれ。寛永十二年、十七歳で創設された若年寄、正確には「六人衆」の一員となっている。

六人衆は、近い将来、旧来からの年寄という呼び方に代わって、「老中」と呼ばれつつあった幕府の最高閣僚に抜擢される幹部候補だった。現に解任された土井利勝・酒井忠勝にかわって入閣するのは六人衆の一人、阿部重次である。

六人衆だった土井利隆・酒井忠朝・阿部重次の三人は、寛永十五年十一月七日をさかいにその前途に分岐した。この日、土井利隆と酒井忠朝は解任されて幕府を去り、阿部重次は入閣し、先任の松平信綱・阿部忠秋とともに幕府の新執行部を構成した。

寛永十五年十一月七日の政変は、むしろ若い土井利隆と酒井忠朝の解任にこそ、その政治性が出ている。土井利隆と酒井忠朝の二人は二十歳で政治生命を奪われた。その後、土井利隆は、父利勝の死後、遺領の古河十三万五千石を相続している。前途は断たれたとはいえ、譜代大名として生活を送り、六十七歳で死去している。

酒井忠朝の余生は悲惨である。慶安二年（一六四九）九月に父忠勝から嫡男の座を廃され、のちに忠勝の勘気を受けて蟄居となっている。廃嫡の理由について、『寛政重修諸家譜』は、「故あって」とだけ書いている。

酒井忠朝の妻の父は伊予松山藩主の松平定行である。松平定行の弟は、こののち有名になった。将軍家光死去（慶安四年四月二十日）の直後、突如、大名の身分を放棄し、江戸市中を托鉢して廻り、兄定行のもとに預けられるという奇行事件を起こした松平定政である。酒井忠朝と松平定政とは何か関係はあったのであろうか。いずれにしても、酒井忠朝が、寛永十五年十一月七日に人生の歯車を狂わされたことは確かである。

幕末までつづく幕府の仕組みへの大改造

寛永十五年十一月七日の仰せ出しは、幕府最長老の二人の解任を主目的としたものではない。二人の解任は、安定した幕府運営を進めるため、幕府の仕組みを大きくつくり変える前提であった。

寛永九年一月の大御所秀忠の死後、将軍家光は、大御所秀忠時代以来の長老たちの整理・排除を行い、年寄衆に子飼いの側近家臣を組み込み、将軍側近勢力による幕政の掌握をめざした。だが、目論見どおりには運ばなかった。長老たちはしぶとく居残り、年寄として幕政を主導した。

そこで家光は、寛永十二年には、側近で構成された若年寄（正確には六人衆）を設け、年寄の権限の一部を委譲させつつ、家光自身に幕府の決定権限を集中し、年寄・若年寄を含めた幕府組織全体を直接的に統轄する親政体制をとった。

この将軍家光が幕府組織の全体を直轄する幕政の親政体制は、翌年にかけて順調にすべり出すが、寛永十四年春からの家光の長い病気と、年寄衆の対立が幕政を渋滞させ、こうした中央政局の閉塞状態に乗じたかのように島原の乱のような事態を招いた。

そこで松平信綱を中心とした将軍側近勢力がめざしたのは、家光の政治負荷を大幅に減らしつつ、将軍の病気や閣内の対立に左右されず。幕府閣僚が幕政運営の中心となり、安定した幕府の仕組みをつくり上げることであった。

当時、旧来の年寄に対して、将軍近臣が就任した年寄のことを「老中」とも呼びつつあったが、将軍側近勢力が具体的にめざしたのは、寛永十二年にとられた将軍親裁体制を老中を中心とした政治体制へとつくり変えることだった。

寛永十二年以降、幕政の決定権限を将軍家光に集中し、家光が幕府の政治組織を直轄していたが、この将軍親裁体制を老中のもとで抜本的に組み替え、幕府の政治組織を整備しつつ、将軍の政治負荷を大幅の減らし、老中が幕府組織を指揮・統轄するというものである。簡単にいえば、将軍を戴きつつ、老中に率いられた幕府が政治運営を担うというものである。

今後、老中を幕政運営の主体としていくには、その出発点で老中のなかに対立の火種を持ち込まないことが肝心だった。ここから土井利勝・酒井忠勝の解任劇が仕組まれ、そして近い将来、老中になる可能性のある土井利隆と酒井忠朝という若い芽も摘み取られた。

そして、将軍側近勢力が幕府中枢を掌握したという政治の変わり目を印象づける可視的な演出、つまり政変的人事が断行された。寛永十五年十一月七日の江戸城黒書院における土井利勝・酒井忠勝という政界のドンの解任劇は、今日、この日から将軍側近で固められた老中が幕政を主導することを宣言することになった。

十一月七日の江戸城黒書院における家光の仰せ出しは、四ヵ条からなる。最初の土井利勝・酒井忠勝父子の解任に関わる箇条につづいて、次の三ヵ条が仰せ出されている。

○阿部対馬守（重次）に、伊豆守・豊後守（松平信綱・阿部忠秋）並みの御用を命じる。

○旗本の内、殿中の御番の面々については、三浦志摩守（正次）・朽木民部少輔（稙綱）に御用を命じる。

○旗本のうち、大番・寄合の面々については、伊豆守（松平信綱）・豊後守（阿部忠秋）・対馬守（阿部重次）に御用を命じる。

最初の箇条は、これまで若年寄（正確には「六人衆」）だった阿部重次を松平信綱・阿部忠秋に準じる「老中」としている。この三人が寛永十五年十一月七日にスタートする幕政運営の新執行部であり、次の若年寄の三浦正次・朽木稙綱を加えた五人が拡大執行部を構成した。拡大執行部は将軍の直臣である旗本を統轄した。

そして二日後の十一月九日の仰せ出しこそ重要であった。勘定奉行・寺社奉行・町奉行など中央の幕府機構、大坂町奉行・駿府町奉行など地方の幕府機構、これら幕府の政治組織を整備し、老中が統轄するという、幕府組織の全容が仰せ出されたのである。幕府組織全体を統轄する老中に松平信綱・阿部忠秋・阿部重次の三人が任命された。

ここに明確となった老中が、幕府の政治組織の全体を指揮・統轄するようになり、この幕府の仕組みが、時代とともに整備拡充されながら幕末までつづいていくことになる。

佐賀藩主鍋島勝茂の赦免

佐賀藩主鍋島勝茂の閉門処分が解かれるのは、寛永十五年十一月七日に始まる幕府改革が一段落する同年の末、寛永十五年十二月晦日（二十九日）のことである。この日、鍋島勝茂は、酒井忠勝の屋敷に呼ばれ、年寄衆列座のなかで、「その科を宥さるの旨」が申し渡された。閉門が解かれたのである。同年六月二十九日に閉門処分を申し渡されているので、半年間の閉門ということになる。

先にみたように、鍋島勝茂の赦免をめぐっては、徳川御三家の一つ、和歌山藩主の徳川頼宣や、将軍家光の政治顧問で、徳川家の廟所である東叡山寛永寺の初代住持の南光坊天海、「加賀百万石」の金沢藩主前田利常など錚々たる人物が将軍家光に赦免を申し入れた。結局、鍋島勝茂が閉門を解かれたのは、その年の末、松平信綱を中心とした将軍側近勢力が仕組んだ政変、幕政の大改造が終わったあとであった。

この日の『江戸幕府日記』をみると、「今度、有馬表のことについて、上様の御気色を違え、ただ今逼塞しているが、今日、その科を宥さる」とある。日記には、先の六月二十九日の条にはない処罰理由として、「御気色を違えた」と記述している。家光の「御気色」は、鬱病で長く引き籠り状態がつづいた幕府にあっては、きわめて政治性が高い。島原の乱後、幕府中枢で進行した政変劇、幕府の大改造が、家光の「御気色」と、これをたくみに利用し、背景にしえた松平信綱ら家光側近閣僚のもとで進められた側面は確実にあった。

鍋島勝茂の赦免の日、別格の年寄である井伊直孝は、わざわざ鍋島家の上屋敷に出向いている。井伊は、「早く御門を開けられよ」と叫び、応対に出た川浪勘右衛門と中野兵右衛門に「この度の御蟄居、面目、これに過ぎるものはない。武門として、うらやましい限りである」と言い置いて屋敷を去った。そこには、閉門に処した鍋島家に対するねぎらいと、着々と幕府中枢を固めている松平信綱への敵意を感じる。

おわりに――知恵伊豆という政治家

松平信綱という政治家は、島原の乱の原城攻防戦、原城戦争における幕府上使に任命されていなければ、「知恵伊豆」としての政治的な飛躍はなかったといってよい。

信綱が、原城戦争において、幕藩軍の総指揮をとっていなければ軍功ある鍋島家を軍法違反で裁くということもなかったし、戦後政治史が、原城戦争直後の寛永十五年の後半期に大きな画期点を迎えることもなかった。

同時に、原城戦争後、松平信綱という男の辣腕が、それほど中央政界を大きく混乱させることもなく発揮されたのは、信綱の政界政略が、将軍家光の「御為」第一を政治信条とした日頃の言動と一致していたこと、政略の根源となった軍法違反の糾弾が軍法という大義と、戦場での誓約にもとづく政治行動であったことにある。

そして何よりも、戦後の信綱の政治行動が、将軍家光の意向を取りつけた、むしろ家光の内意を体現した行動だったからである。原城戦争終結後、江戸に帰着した信綱がひそかに家光に召され、江戸城二の丸において明け方まで語り明かした二人の密会こそ、戦後政治の始まりであり、信綱の政治力を飛躍させる源泉であった。

松平信綱は、死に臨んで嫡男の輝綱に有馬関係の文書類を焼却させている。このことは、信綱の政治人生において、原城戦争をはさむ寛永十五年という年が、「知恵伊豆」としての政治的光芒を放った一年だったことを物語っている。

松平信綱は、巷間、「知恵伊豆」と称される。そのわりに、信綱を主題にした専門の学術書は少ない。小説・評伝類も多くはない。学術書としてまとまったものは、大野瑞男氏の『松平信綱』ぐらいである。知恵伊豆が今一つ人気が出ないのは、信綱が家光の死に際して追腹を切らず、次の将軍家継に仕えたことも影響しているであろう。本書で扱った有馬関係の史料を除くと、これぞ知恵伊豆というような事績を裏づける具体的な政治史料も乏しい。大野氏の著作も数多いエピソード類を越えた、知恵伊豆の政治手腕、政治力といったものを具体的に描き出すには至っていない。

松平信綱が、島原の乱に際して一揆征討の幕府上使に任命されるのが四十二歳の時である。年齢的にも最も充実した時期であるし、将軍家光の側近閣僚の年長として、信綱は大きな政治人生の節目を迎えている。

本書では、松平信綱が、「知恵伊豆」へと飛躍した政治舞台を具体的に描き出すように努めたつもりである。一人の男の生き様を主題にした歴史物語として読んでもらってもいいし、専門研究者の方々の理解にも資するように配慮したつもりである。通読いただければ幸いである。

◎参考文献一覧

〔主要史料集など〕

鍋島家文書「有馬一揆控」

『嶋原天草日記』（松平輝綱撰）続々群書類従、第四、国書刊行会、一九七〇年

『信綱記』改定史籍集覧、第廿六冊、近藤活版所、一九〇二年

『事語継志録』続々群書類従、第三、国書刊行会、一九七〇年

熊本県『熊本県史料』近世篇第三、熊本県、一九六五年

佐賀県立図書館『佐賀県近世史料』第一編第二巻、佐賀県立図書館、一九九四年

土田将雄編『綿考輯録』第四～七巻、出水神社、一九九〇年

鶴田倉造編『原史料で綴る天草島原の乱』本渡市、一九九四年

東京大学史料編纂所編『大日本近世史料　細川家史料』一～二十三、一九六九～二〇一二年

長崎県史編纂委員会『長崎県史』史料編第三、吉川弘文館、一九六六年

花岡興史編『新史料による天草・島原の乱』城南町教育委員会、二〇〇九年

林銑吉編『島原半島史』中巻、長崎県南高来郡教育会、一九五四年

藤井譲二監修『江戸幕府日記』ゆまに書房、二〇〇三年

八代市立博物館（林千寿編集）『天草・島原の乱』八代市立博物館未来の森ミュージアム、二〇〇二年

苓北町教育委員会『富岡城』熊本県天草郡苓北町教育委員会、一九八六年

〔主要参考文献〕

石井進・服部英雄編『原城発掘』新人物往来社、二〇〇〇年
煎本増夫『島原の乱』教育社、一九八〇年
煎本増夫『島原・天草の乱』新人物往来社、二〇一〇年
大野瑞男『松平信綱』吉川弘文館、二〇一〇年
大橋幸泰『検証　島原天草一揆』吉川弘文館、二〇〇八年
神田千里『島原の乱』中央公論新社、二〇〇五年
五野井隆史『島原の乱とキリシタン』吉川弘文館、二〇一一年
高木昭作『江戸幕府の制度と伝達文書』角川書店、一九九九年
田代政門『黒田三藩　島原の陣』秋月郷土館、一九六八年
鶴田倉造『天草島原の乱とその前後』上天草市、二〇〇五年
鶴田倉造『天草四郎と島原の乱』熊本出版文化会館、二〇〇八年
戸田敏夫『細川藩史料による天草・島原の乱』新人物往来社、一九八八年
中村　質「島原の乱に関する一考察」（『九州産業大学教養学部紀要』第六巻一―二号）一九七〇年
中村　質「島原の乱と鎖国」（『岩波講座　日本歴史9』近世1）一九七五年
中村　質「島原の乱と佐賀藩」（『九州文化史研究所紀要』第二号）一九七九年

野村　玄『徳川家光』ミネルヴァ書房、二〇一三年
藤井讓治『江戸幕府老中制形成過程の研究』校倉書房、一九九〇年
藤井讓治『徳川家光』吉川弘文館、一九九七年
藤野保編『佐賀藩の総合研究』吉川弘文館、一九八一年
山本博文『寛永時代』吉川弘文館、一九八九年
吉村豊雄『天草四郎の正体』洋泉社、二〇一五年

吉村豊雄（よしむら　とよお）

1948年佐賀県生まれ。熊本大学名誉教授。博士（文学）。専門は日本近世史。『日本近世の行政と地域社会』（校倉書房）で第12回徳川賞（2014年）、『棚田の歴史』（農山漁村文化協会）で第36回熊日出版文化賞（2015年）を受賞。著書に『近世大名家の権力と領主経済』『幕末武家の時代相—熊本藩郡代 中村恕斎日録抄—』（ともに清文堂出版）、『藩制下の村と在町』（一の宮町）など。最新作に『天草四郎の正体』（洋泉社新書、2015年）がある。

歴史ルポルタージュ 島原天草の乱❷

原城の戦争と松平信綱

2017年11月20日　初版発行

著　者　吉村豊雄

発行者　前田博雄

発行所　清文堂出版株式会社

〒542-0082　大阪市中央区島之内2-8-5

電話06-6211-6265　FAX06-6211-6492

http://www.seibundo-pb.co.jp

組版：六陽　印刷製本：朝陽堂印刷

ISBN978-4-7924-1079-7　C0021

歴史ルポルタージュ
島原天草の乱　全３巻

百姓たちの戦争

一揆の過程を、幕藩領主側との武力による戦いの過程、「戦争」として描くことと、松倉家・寺沢家の牢人が一揆の企てに加わったという、知られざるシナリオを明らかにし、一揆首謀者の企てが島原藩領・天草領での一揆、「百姓たちの戦争」へと展開していく歴史の深みを解き明かす。

ISBN978-4-7924-1073-5

３００頁　本体一九〇〇円

原城の戦争と松平信綱

島原天草の乱における原城攻防戦、原城戦争において、十三万近くの幕藩軍を率いて一揆を制圧した松平信綱。戦後の軍功バトルの処理から中央政界のトップに上りつめるキッカケとなった政治的光芒を描く。「知恵伊豆」の真骨頂というべき政治舞台へいざなう。

ISBN978-4-7924-1079-7

１５６頁　本体一五〇〇円

潜伏キリシタン村落の事件簿

日本キリシタン史上、空前の規模のキリシタン発覚事件。天草下島西海岸の潜伏キリシタンの村々が、幕府領の天草郡を預かる島原藩の探索・取り調べを受け、最終的に五千二百五人もの潜伏キリシタンが摘発されていく事件に分け入った史的ルポルタージュ。

ISBN978-4-7924-1076-6

２２８頁　本体一八〇〇円